RAFAEL PALOMINO

# LA RELIGIÓN EN EL ESPACIO PÚBLICO:

## LOS SÍMBOLOS RELIGIOSOS ANTE EL DERECHO

ARGUMENTOS PARA EL SIGLO XXI

DIGITAL REASONS

Colección: Argumentos para el siglo XXI
Director de la colección: Emilio Chuvieco

www.digitalreasons.es
info@digitalreasons.es
Antonio Cumella, 16- 28030 Madrid (España)

Diseño de cubierta: Enrique Chuvieco, montaje.
Diseño de interior: Enrique Chuvieco.

ISBN: 978-84-944601-8-0
Depósito Legal: Depósito Legal: M-24186-2016

Ficha bibliográfica: Palomino, Rafael (2016): *La religión en el espacio público. Los símbolos religiosos ante el derecho.* Madrid, Digital Reasons.

Impresión: Publicep. El papel utilizado en la impresión de este libro tiene certificación ambiental FSC y están libres de cloro. Los residuos de la producción se gestionan por empresas certificadas ambientalmente.

Impreso en España

# INDICE

# 1. INTRODUCCIÓN. MORFOLOGÍA Y CONTEXTO PARA EL ANÁLISIS DE UN PROBLEMA ACTUAL

Desde hace ya algunos años la simbología de carácter religioso ha sido un tema constante en el Derecho de los países de nuestro entorno. Lo que en otras épocas no pasaba de ser una curiosa anécdota (el caso de la exención legal del uso de casco de motocicleta para los sijs en el Reino Unido), con el comienzo del siglo XXI se ha hecho habitual y reclama la atención de políticos y juristas. El derecho se ha encontrado con un filón de problemas prácticos a nivel nacional, regional e internacional. La complejidad de la materia, la disparidad de supuestos que se han planteado —y que se plantearán—, la importancia del estudio comparativo de este complejo tema, permiten afirmar que estamos ante una especialidad de estudio jurídico-académico: la simbología religiosa ante el derecho (Alenda Salinas y Pineda Marcos, 2016, p. 33).

Tres factores han incrementado la importancia de este tema de estudio.

- El primero de esos factores es el aumento de la visibilidad de los símbolos religiosos no convencionales en el espacio público (Amérigo y Pelayo, 2013, p. 5), unido a una creciente pluralidad de las perspectivas sociales respecto del modelo político y jurídico que debe orientar la diversidad (Ferrari, 2012, p. 139). En las sociedades pluralistas, los símbolos religiosos juegan un papel muy especial en la dinámica identitaria (Mancini y Rosenfeld, 2010, p. 5). Con ello, se confirma que en la actualidad lo religioso se configura como un factor diferencial que reclama, en las sociedades occidentales, instrumentos aptos para la gestión de la complejidad.

- El segundo factor viene representado por la tensión a la que se ve sometido el modelo de Estado occidental: una partida jugada en dos tableros (el de la presión laicista y el de las demandas multiculturales) que arroja un resultado falseado; por un lado, utilizando el principio de laicidad se proscriben signos y referencias a las religiones tradicionales europeas; por otro lado, en virtud de la diversidad multicultural, se aceptan de forma indiscutida las simbologías y especificidades de otras religiones para las cuales la laicidad es del todo irrelevante (Cardia, 2007, p. 181).

- En tercer lugar, la inmigración suele considerarse un elemento determinante, lo cual es perfectamente comprensible si pensamos en el contexto nacional, pero que es inexacto si se refiere al ámbito europeo en su conjunto habida cuenta de la arraigada presencia de otras tradiciones religiosas en el Este de nuestro continente (Karić, 2002).

- Este trabajo parte del convencimiento de que el concreto hábitat fáctico y jurídico en el que se ubica la simbología religiosa resulta determinante para analizar los distintos supuestos y alcanzar un resultado justo. En esta materia —como en tantos otros campos— el peligro es doble. Por un lado, fundamentar exclusivamente las soluciones en principios jurídicos abstractos, lo cual puede resultar lesivo para el caso concreto; ciertamente, «la solución de estos conflictos sólo puede resultar de una valoración que tenga presente, en cada supuesto, las peculiaridades que rodean a cada caso» (Cañamares Arribas, 2005, p. 183). Por otro lado, sin embargo, también cabe el peligro de reducir el análisis jurídico de la simbología religiosa a un agregado descriptivo de casos o de sentencias judiciales, negando la capacidad de extraer conclusiones válidas y generalizables.

Y es que el estudio de la simbología religiosa va de la mano de una atención a la «morfología» y al «contexto» que presentan las diversas situaciones, ya conocidas por haber sido objeto de atención por parte de legisladores, jueces y medios de comunicación.

¿Por qué «morfología»? Porque, al igual que sucede con las palabras, aquí cada supuesto tiene una estructura que lo singulariza y permite una cierta distinción de otros casos. A mayor precisión en la delimitación morfológica, mayor exactitud respecto de los elementos que pueden facilitar la decisión jurídica. Antes de, o al mismo tiempo que, intentar explicar la «semántica de la controversia» (Cardia, 2012, p. 1), se precisa atender a los hechos jurídicamente relevantes que constituyen y rodean los símbolos religiosos.

¿Y por qué «contexto»? Porque, volviendo a la etimología, los supuestos reales de simbología religiosa presuponen un entorno físico, una situación política, histórica, cultural, jurídica, etc., cuya consideración puede resultar relevante para determinar el sentido y valor del problema o del conflicto ante el que nos encontramos. Frecuentemente, y de forma implícita, el contexto resulta determinante para valorar el significado —también jurídico— del símbolo que se presenta ante lo que la jurisprudencia estadounidense ha denominado un «observador razonable» (Arlettaz, 2013, p. 154).

Las premisas metodológicas a las que acabo de hacer referencia se plasman en tres elementos básicos de estudio. El primer de ellos es el concepto y morfología del símbolo religioso. Los otros dos elementos de estudio atienden al contexto en el que el símbolo se presenta: el «espacio» físico o inmaterial y las «personas» afectadas por (o portadoras de) símbolos religiosos. A partir de estos dos elementos —espacios y personas— se modulan diversas situaciones con características singulares que determinan la especialidad de cada caso.

La condición o requisito para recoger un supuesto en este trabajo es que se haya producido en la realidad, que no sea una hipótesis imaginada. No van a analizarse todas las circunstancias de cada uno, pero sí se resaltarán algunos de sus detalles desde el convencimiento de que el contexto específico espacio-personal condiciona una solución que, en abstracto, arrojaría un resultado intuitivo no siempre ajustado a sus peculiaridades.

Este trabajo va también marcado por el método comparado, que se ha consolidado como método particularmente apto, tanto en la doctrina académica como en la práctica de los Tribunales nacionales y supra-nacionales, para abordar el tema con un mínimo grado de perspectiva y rigor.

Las páginas que siguen reflejan en parte los resultados que se han alcanzado con motivo de dos proyectos de investigación del Ministerio de Ciencia e Innovación y del Ministerio de Economía y Competitividad del Gobierno de España: *Neutralidad ideológico-religiosa del Estado y espacio público* (DER2011-29385) y *Neutralidad del espacio público: escuela pública y escuela privada* (DER2015-63823-P MINECO/FEDER, UE).

# 2. EL CONCEPTO DE SÍMBOLO

## 2.1 En general

La palabra símbolo (Hill y Whistler, 2013, p. 74–77) procede del griego, *symballein*, que significa «lanzar juntos» o «unir juntos», lo contrario a *diaballein*, «causar división y confusión». La forma del sustantivo es *symbolon*. La palabra *symbolon* se encuentra por primera vez en Egipto para designar el sello empleado como marcador de identificación, de diversos materiales, denominado en latín *tessera*. Sólo después, por extensión, se pasó a llamar símbolos a las pinturas o grabados en las teselas. El verbo *symballein* se hizo sinónimo de reunir, ocultar o velar. El signo, una vez que se ha convertido en un símbolo, oculta bajo su aparente significado algo codificado que no puede entender el neófito (Becker, 2000, p. 5). El símbolo significaba también:

> *La mitad de un objeto partido (por ejemplo, un sello) que se presentaba como una señal para darse a conocer. Las partes rotas se ponían juntas para verificar la identidad del portador. El 'símbolo de la fe' es, por analogía, un signo de identificación y de comunión entre los creyentes, una recopilación de las principales verdades de la fe* (Iglesia católica, 1992, p. 188).

El Diccionario de la Real Academia de la Lengua define símbolo como la «representación sensorialmente perceptible de una realidad, en virtud de rasgos que se asocian con esta por una convención socialmente aceptada», mientras que «signo» tiene una acepción más amplia: «Objeto, fenómeno o acción material que, por naturaleza o convención, representa o sustituye a otro».

Todo símbolo se incardina en una cultura que, con el paso del tiempo acuña un significado. Esa relación símbolo-cultura implica una evolución: nacimiento, transformación, diversificación e incluso muerte.

La distinta procedencia cultural del emisor o portador del símbolo respecto del observador o perceptor del mismo puede interferir la intelección. Así, para un norteamericano de los estados del sur, una persona ataviada con capirote y túnica blanca es un miembro del Ku Klux Klan; para un español, es un nazareno miembro de una corporación o cofradía penitencial que procesiona en Semana Santa. La cruz esvástica se interpreta de forma totalmente distinta en la India y en Alemania (Alenda Salinas y Pineda Marcos, 2016, p. 84). La cruz roja que identifica un movimiento humanitario internacional bien conocido puede percibirse simultáneamente como un símbolo de ayuda y seguridad o como la reminiscencia histórica de la hostilidad occidental contra el mundo islámico. La diversidad que anida en las sociedades y en los Estados de Occidente hoy en día supone igualmente que la «ambigüedad simbólica» (Mazzola, 2005, p. 147) no se produzca, respecto de un mismo símbolo, en puntos geográficos distantes, sino que ocurre en el mismo país o en la misma ciudad.

Se dice de los símbolos que reúnen cuatro características relevantes (Tillich, 1958, p. 3–4): carácter figurativo (la actitud interior del sujeto hacia el objeto simbólico no procede de la específica materialidad de lo que es símbolo es, sino de lo que representa), perceptibilidad (algo que, de suyo, es invisible, ideal, transcendente, se hace perceptible en el símbolo y refuerza su objetividad), fuerza intrínseca (el símbolo posee una fuerza propia para quien lo ve, que lo distingue del mero signo) y aceptación como tal (es decir, el símbolo está enraizado social y culturalmente; el acto por el que se crea un símbolo es un acto social, aun cuando pueda surgir de la iniciativa de un individuo).

El símbolo, en definitiva, parece referirse en el uso común «a los objetos e imágenes cargados con una particular valencia emotiva e identitaria para la comunidad» (Dieni, 2005, p. 91).

## 2.2 El símbolo religioso en particular

Si, desde un punto de vista semiológico, entendemos que tanto la religión como el derecho son realidades sociales que comprenden sistemas de signos y símbolos, encontramos un interesante punto de convergencia. Simbología y derecho se encuentran vinculados. Los símbolos poseen relevancia jurídica allí donde se les atribuye determinados efectos que, de suyo, no alcanzan, y que adquieren por fuerza del derecho. Es el caso de la *traditio* simbólica o *ficta*. La relación entre derecho y símbolo religioso es mediada precisamente por la significación o valoración social previa o simultánea (el carácter religioso, nacional, estatal, etc.) de la que se seguirán unos efectos particulares (prohibición, permisión, promoción) que el derecho impera (Pacillo, 2004, p. 1–2).

En torno al tema que nos ocupa, a veces la doctrina académica, la práctica jurídica y la normativa estatal han incurrido en una generalización consistente en etiquetar, clasificar o remitir al campo de estudio de los «símbolos religiosos» todas las cuestiones relativas a elementos materiales o sensibles, pertenecientes a las religiones y las creencias, que precisamente por su peculiar conexión con lo religioso contrastan o resultan ajenas o separadas de los elementos materiales profanos o comunes. Al hilo de una sentencia del Tribunal Constitucional federal alemán, se ha afirmado acertadamente que...

> *...[e]l velo islámico, al contrario que el crucifijo cristiano, no es propiamente un símbolo religioso, si bien se le puede*

> *llegar a atribuir un efecto equiparable. En efecto, el velo sólo es una prenda de vestir, el medio del que se sirve quien lo porta para cumplir con un precepto religioso. Sin embargo, aun cuando la mujer que lo vista no le atribuya ningún contenido simbólico, sí será generalmente consciente de que socialmente el uso de un pañuelo que cubre cuello y cabello es ampliamente percibido como indicio de afiliación religiosa al Islam* (Valero Estarellas, 2015, p. 22).

Las vestimentas no son de suyo símbolos *stricto sensu*, pero han sido asimiladas y tratadas como tales en la práctica jurídica nacional y comparada: hay una línea de continuidad argumentativa acerca de los «símbolos religiosos» (sean cruces, estrellas de David o niqabs) como categoría que incide en el derecho (Hill y Whistler, 2013, p. 26–27).

La interpretación del símbolo religioso desde el derecho presenta tres posibles variantes o percepciones (Marchei, 2005, p. 261–262): 1) el símbolo religioso como signo representativo de una relación peculiar de recíproca pertenencia que vincula las instituciones civiles y la religión; 2) como expresión visible de la conciencia o el sentimiento religioso de los individuos y de las comunidades en las que los individuos se integran, o 3) como instrumento u ocasión de desencuentro entre la conciencia individual y la identidad de la comunidad o del Estado (Marchei, 2005, p. 261–262).

Teniendo en cuenta estos factores, analicemos lo que hace religioso un símbolo para la sociedad y para el derecho.

Una comprensión amplia del símbolo religioso —siguiendo la jurisprudencia del Tribunal Europeo de Derechos Humanos— entiende por tal el objeto de veneración religiosa (imágenes representativas de la divinidad o relacionadas con lo divino), o los elementos materiales de la vida de los creyentes que contribuyen al ejercicio de la religión o las creencias en el culto, la enseñanza, la práctica o la observancia, incluyendo vestimentas, utensilios, edificios, materiales escritos o gráficos (Evans, 2009, p. 62–64). El problema para hacer practicable este concepto se produce cuando ese mismo objeto material constituye la propia divinidad (entonces no es propiamente un símbolo), o cuando el objeto en cuestión no es empleado como símbolo de las creencias, sino como instrumento de culto o medio para hacer efectivas las mismas (es decir: esos «artículos y materiales necesarios para los ritos o costumbres de una religión o convicción» que menciona el artículo 6 de la Declaración sobre la eliminación de todas las formas de intolerancia fundadas en la religión o en las convicciones de la ONU de 1981, A/RES/36/55). López-Sidro distingue entre símbolos religiosos *stricto sensu* (la cruz o la estrella de David) y el velo islámico (López-Sidro López, 2013, p. 4). Tal vez sea por ello que, tanto en el fragor del debate político, como en la serenidad de la reflexión jurídica, en España (y en Europa en general) se niegue al velo el carácter de símbolo religioso (Areces Piñol, 2011, p. 26–28).

Si el símbolo es religioso será porque hace relación a un elemento distinto, de carácter propio: en él se produce el encuentro de lo material y de lo espiritual, «una síntesis tangible de la experiencia intramundana y vivencia trascendente» (Voegelin, 2014, p. 61). El significado del símbolo religioso resulta de una especie de diálogo entre el creyente y la comunidad o grupo religioso al que pertenece, y de ahí dicho significado *salta* al todo social: el significado, en definitiva, es producto de las relaciones inter-personales. El símbolo presupone la posibilidad del «reconocimiento» social, requiere un «horizonte de significado», cognoscitivo y de valoración (Taylor, 1994, p. 73), en el que interactúan diversos sujetos: el portador del símbolo, la comunidad de creencias en la que se inserta, el observador u observadores del mismo y la sociedad. Una vez construido o constituido en las relaciones inter-personales, el símbolo religioso se transforma en elemento que permite la identificación intersubjetiva al modo como las *tessera hospitalis*, formadas por dos partes semejantes y complementarias, permitían la identificación de alguien, a quien no se conoce personalmente (Heyer y Saint-Arnaud, 2005, p. 35).

En la valoración jurídica del símbolo religioso, la apreciación que del mismo pueda hacer la comunidad o grupo religioso ha resultado ser, en algunos casos, un elemento distorsionante. Y lo ha sido, porque se ha asociado el carácter religioso del símbolo a la «obligatoriedad» de su uso, dictada por una confesión religiosa. Es decir: si la confesión religiosa establece entre sus principios el símbolo religioso como preceptivo, entonces se supone que la libertad religiosa ampara al portador, mientras que si el símbolo religioso no es preceptivo, entonces se entiende que dicho símbolo no deja de ser una preferencia personal de la que el portador puede prescindir sin violentar las propias convicciones. Además, al menos en el Reino Unido se ha denunciado el «doble rasero» bajo el cual los tribunales de justicia examinan las demandas radicadas en el derecho fundamental de libertad religiosa (Cranmer y García Oliva, 2012, p. 16–25; García Oliva, 2012, p. 228–231; McCrudden, 2011, p. 32). En algunos casos, se examina las reclamaciones de los creyentes desde la perspectiva de la «identidad» racial (casos *Mandla*[1], *Begum*[2] o *Watkins-Singh*[3]): no se entra a discutir si determinados signos identitarios forman o no parte de las exigencias religiosas; en otros, sin embargo, se contempla el problema desde la perspectiva de la «opción»

1 *Mandla (Sewa Singh) v Dowell Lee* [1982] UKHL 7 (24 March 1982), sobre la admisión en una Christian School de un alumno sij que pretende vestir el turbante contra las normas de vestuario del colegio. La House of Lords, en sede de no-discriminación, entiende que la norma de vestuario no está justificada.

2 *R (on the application of Begum) v Headteacher and Governors of Denbigh High School* [2006] UKHL 15: yendo más allá de la adaptación existente en la escuela, la demandante desea utilizar un chaquetón que acentúe más, si cabe, la modestia en el vestir. En segunda instancia (Court of Appeal) se falló a favor de Sabina Begum; la House of Lords, por su parte, decide en última instancia a favor de la institución educativa. En ningún caso se pone en duda la conexión entre vestuario y creencias.

3 *R (on the application of Watkins-Singh) v The Governing Body of Aberdare Girls' High School* [2008] EWHC (Admin) 1865. La demandante es sij y desea usar un brazalete con significado religioso en la escuela; el brazalete no es todavía obligatorio conforme a su religión, ya que aún no está bautizada. Sin embargo, el magistrado Silber sostuvo que la uniformidad de vestuario en la escuela no puede ser impedimento para que la estudiante luzca su brazalete si cree de forma sincera —en virtud de motivos razonables— que el empleo del brazalete es una cuestión de importancia excepcional para su identidad racial o sus creencias religiosas.

no obligatoria (casos *Eweida*[4] y *Playfoot*[5]), para concluir que, puesto que determinados símbolos no son preceptivos conforme a las prácticas religiosas cristianas, no cabe otorgar la protección que se deriva del derecho fundamental de libertad religiosa y/o del principio de no discriminación.

En consecuencia, la doctrina académica —de forma consciente o inconsciente— ha prescindido de la confesión religiosa en la determinación del significado religioso del símbolo.

Excluída la confesión religiosa, ¿quién otorga el significado religioso al símbolo? En su estudio sobre los símbolos religiosos en el ámbito del Consejo de Europa, Evans parece partidario de dar preponderancia al criterio subjetivo individual: a los efectos de la protección jurídica por parte del artículo 9 del Convenio para la Protección de los Derechos Humanos y de las Libertades Fundamentales (en adelante Convenio Europeo de Derechos Humanos), la cuestión central es si la persona que porta el símbolo dice manifestar así su religión o creencia al vestirlo o exhibirlo (Martín Sánchez, 2014, p. 5; Hill y Whistler, 2013, p. 27; Evans, 2009, p. 65-68). La estimación objetiva social, por tanto, vendría en segundo lugar, especialmente allí donde dicha estimación atribuye otros motivos (políticos, de discriminación, provocación, etc.) al símbolo religioso debatido. Este criterio de predominio de la estimación subjetiva responde a una perspectiva específica,

---

4 *Eweida v British Airways Plc* [2010] EWCA Civ 80: Nadia Eweida trabajaba en los mostradores de facturación de British Airways. Con motivo de un cambio en la uniformidad de la compañía, quedaba al descubierto una cruz al cuello que vestía habitualmente. Tal accesorio contravenía las normas de uniformidad de la compañía, que exige expresa aprobación para las excepciones (concedidas anteriormente a miembros del personal de la compañía aérea, pertenecientes a comunidades sij y musulmana). Tras aplicar la normativa interna sancionadora, British Airways ofreció a la demandante ocupar un puesto sin atención al público, manteniendo el sueldo, propuesta que Eweida rechaza. El Tribunal Europeo de Derechos Humanos tuvo ocasión de pronunciarse sobre el caso en *Eweida and Others v. the United Kingdom*, nos. 48420/10, 59842/10, 51671/10 and 36516/10, ECHR 2013.

5 *Playfoot v Millais School* [2007] EWHC 1698. En este caso, la demandante pretende lucir un «anillo de pureza», como símbolo de su compromiso de vivir el celibato hasta el matrimonio, en el establecimiento educativo contra las normas de vestuario del mismo. La High Court falla a favor de la escuela.

cual es el conflicto que pueden plantear los símbolos personales. Sin embargo, respecto de los símbolos institucionales no resultaría totalmente satisfactoria, pues de entrada siempre y en cualquier caso otorgaría protección a la libertad religiosa negativa del sujeto pasivo que se confronta con el símbolo. Por otra parte, «[l]a aplicación consecuente de la convicción del portador de los derechos fundamentales sobre el significado de los símbolos conduce así a una relatividad del significado de los símbolos religiosos» (Borowski, 2012, p. 35), que bien podría conducir en una sociedad pluralista a la total impracticabilidad jurídica de soluciones ajustadas a derecho.

Areces Piñol se manifiesta partidaria de la prioridad del significado objetivo, al entender —parafraseando las afirmaciones del Tribunal Constitucional[6]— que «[t]odo signo identitario es el resultado de una convención social y, tiene sentido en tanto se lo da el consenso colectivo, por lo tanto, no resulta suficiente que quien pida su supresión le atribuya un significado religioso incompatible con el deber de neutralidad religiosa, ya que sobre la valoración individual y subjetiva de su significado debe prevalecer la comúnmente aceptada, pues lo contrario supondría vaciar de contenido el sentido de los símbolos que siempre es social» (Areces Piñol, 2011, p. 19). También Meléndez-Valdés apuesta de alguna forma por el criterio objetivo: «De acuerdo con el razonamiento que hemos seguido y partiendo del concepto de símbolo que hemos establecido es el sujeto social el que establece su significado. La posición que se adopte sobre el tema no debe estar en función de aspectos circunstanciales que dependan de apreciaciones subjetivas en función del caso concreto, por ejemplo, el sujeto portador, la posición fija o movible del objeto, la apreciación individual de algunos receptores…» (Meléndez-Valdés Navas,

6 Sentencia del Tribunal Constitucional 34/2011, de 28 de marzo de 2011 (BOE núm. 101, 28 abril 2011), sobre el patronazgo religioso del Colegio de Abogados de Sevilla, Fundamento jurídico 4. «Se viene, pues, a concluir que los conflictos relacionados con la presencia de la religión en el espacio público deben resolverse distinguiendo las amenazas reales de las meras sospechas. Y afirmar que los patronazgos son todos contrarios a la libertad religiosa negativa y a la aconfesionalidad estatal no es más que una conjetura.»

2010, p. 12). En este caso, el predominio del criterio objetivo estaría dirigido precisamente a compensar los hipotéticos excesos de quien se ve confrontado con un símbolo institucional, pero se presta a dificultades cuando se trate de símbolos religiosos personales. En esta misma línea, ha señalado Robbers —con motivo de la admisibilidad del velo islámico como atuendo de una profesora en la escuela pública alemana— que la protección de la libertad religiosa de quien porta el símbolo no puede abandonarse totalmente a la percepción del público, que ve en el velo un agresivo signo de carácter político (Robbers, 2006, p. 298–299).

¿Cuál de los dos significados debe primar: el subjetivo de quien lo porta (símbolos personales) o el objetivo de un «observador razonable», la sociedad o el Estado (símbolos institucionales)?: ambos significados son decisivos, cada uno en su terreno, y al mismo tiempo se confrontan con la percepción general social en la que late la significación cultural: «La interpretación del símbolo deberá mantenerse generalmente dentro del rango de las interpretaciones que se puedan encontrar en la sociedad» (Borowski, 2012, p. 35).

Aláez apunta a esa intersección o mezcla de criterios subjetivos y objetivos para determinar el carácter religioso de un símbolo.

> *[S]i la democracia constitucional tiene como razón de ser garantizar a través de los derechos fundamentales las expectativas de la minoría contra las decisiones de la mayoría, la religiosidad del símbolo hay que valorarla a partir de una mixtura del criterio subjetivo y del objetivo, es decir, a partir de un criterio subjetivo cuya razonabilidad es controlada objetivamente por el Estado, porque lo relevante es lo que presuma razonablemente la persona que utiliza el símbolo, ni siquiera la organización o grupo religioso al que cada individuo pueda pertenecer. Así, aunque ciertamente el significado de un símbolo lo trasciende a él y a sus orígenes, y puede verse enriquecido por el transcurso del tiempo (STC*

> *9411985, de 29 de julio, J 7°), e incluso puede impregnarse de la historia cultural y política de la comunidad a la que simboliza variando parcialmente su significado original (STC 34120011, de 28 de marzo, J 4°), ello no implica necesariamente que la valoración subjetiva del símbolo pase a estar subordinada a la valoración objetiva del mismo que realice el Estado, pues ello desvirtuaría el significado subjetivo que tienen los derechos fundamentales como garantías de expectativas de los ciudadanos. El punto de equilibrio se puede alcanzar, en mi opinión, si al ciudadano se le exige (1) un nivel mínimo de coherencia moral e intelectual al afirmar la religiosidad del símbolo y (2) la existencia para él de una seria y razonada vinculación de ese símbolo con las preguntas o cuestiones últimas acerca de la existencia humana, tal y como ha explicitado recientemente la Corte Suprema del Reino Unido en su Sentencia de 11 de diciembre de 2013, R (on the application of Hodkin and another) Registrar General of 26 Births, Deaths and Marriages ([2013] UKSC 77)*[7] (Aláez Corral y Ruiz Ruiz, 2014, p. 25–27).

De nuevo, este criterio parece más adecuado para los conflictos que versan sobre símbolos religiosos personales que para aquellos que resuelven cuestiones relativas a símbolos institucionales. Por otro lado, no pasa desapercibido un difícil asunto, consistente en que para determinar qué es un símbolo religioso, el derecho —desafortunadamente quizá— tiene que preguntarse qué es una religión (Palomino Lozano, 2013). En la propuesta de Aláez laten estas cuestiones, cuando utiliza palabras (coherencia, preguntas últimas) que recuerdan precisamente aquellas sentencias en las que el Tribunal Europeo de Derechos Humanos[8] o el Tribunal Supremo de los Estados

7 La sentencia que cita versa sobre el reconocimiento de forma mediata (reconocimiento legal de los lugares de culto) de Cienciología como religión en el Reino Unido.

8 *Campbell and Cosans v United Kingdom*, (1982) 4 E.H.R.R. 293, n. 36, 23 March 1983, sobre escolarización y uso de castigos corporales.

Unidos de América[9] se han tenido que enfrentar a la ardua tarea de ofrecer un concepto practicable de religión para el derecho. Y en ambos casos se ha ofrecido un criterio de tendencia subjetiva, probablemente el mejor entre los posibles, pero que quizá adolece de un defecto, consistente en la idealización o sublimación del sujeto portador de creencias. La coherencia moral e intelectual, la vinculación del símbolo con las cuestiones últimas (*ultimate concern*) probablemente sea atribuible a sujetos conversos o a quienes han pasado por un proceso religioso de reversión, pero muchos sujetos portadores de símbolos religiosos en modo alguno podrían articular las exigencias del criterio señalado anteriormente. Bastaría quizá con llegar a la conclusión de que los símbolos «manifiestan» la religión de las personas (Ooijen, 2012, p. 9).

En cualquier caso, e intentando un criterio común del concepto de símbolos religiosos, tanto para los personales como para los institucionales, el criterio subjetivo (del portador y el perceptor) y el criterio objetivo (del contexto social y cultural) tienen necesariamente que combinarse, a la luz del derecho fundamental que se protege: la libertad religiosa. Es decir: el carácter religioso del símbolo desde una percepción subjetiva resulta preponderante allí donde a un sujeto vea infringida claramente su libertad religiosa y de creencias, es decir, cuando se le esté obligando a adoptar, cambiar, tener o no tener unas creencias, o adherirse a creencias que no son las suyas. Y debe tenerse en cuenta que la estimación objetiva responde a la común opinión social atendido el contexto, no a la estimación subjetiva de quien, en razón de su posición de autoridad, está llamado a valorar el carácter del símbolo. Si se confía al Estado la tarea de dilucidar el sentido religioso del símbolo, corremos el peligro —en esta materia también— de transformar al poder político en un «teólogo civil del sentido» de las cosas (Christians, 2005, p. 52), traicionando la neutralidad religiosa.

9 *United States v. Seeger*, 380 U.S. 163 (1965), sobre la admisibilidad de motivos no religiosos para la exención del servicio militar obligatorio en calidad de objetor de conciencia.

## 2.3 Los símbolos religiosos ante el derecho de los países occidentales

Tres factores condicionan la postura de las sociedades occidentales, en general, y de los Estados en la cuestión de los símbolos religiosos.

En primer lugar, la ardua conquista de la igualdad ha conducido a una situación en la que el Estado rechaza no ya la discriminación (lo cual es enteramente lógico), sino toda forma de distinción o separación con relevancia pública. En consecuencia, la exhibición de un símbolo religioso como expresión de una identidad se interpreta como una voluntad de restringir el pacto social (Heyer y Saint-Arnaud, 2005, p. 37). Los símbolos religiosos (que establecen mensajes ambivalentes, de sentido de pertenencia y de sentido de diferencia) pueden verse rechazados por una sociedad política que, además, ha traspuesto los principios de libertad e igualdad al campo sexual, generando una expectativa respecto de la imagen corporal de los integrantes de la comunidad y estableciendo unas reglas (o al menos unas expectativas) acerca del *status* social del cuerpo humano (Selby y Fernando, 2014).

En cierto sentido, y en segundo lugar, ese rechazo es el producto final de un largo proceso de secularización de la idea de Cristiandad, que pone en cuarentena o en sospecha los espacios, las actividades o las personas que no se muestran conformes a los modelos de «familiaridad visual» de la propia comunidad, adulta, liberada de prejuicios y discriminaciones, dispuesta (en una suerte de nuevo paternalismo) a instaurar no ya el Estado de derecho, sino un modelo de sociedad (Mancini y Rosenfeld, 2010, p. 23–24). La secularización propugna un horizonte lógico y visual depurado de simbología religiosa. Sin embargo, no significa un horizonte privado de símbolos: «[s]i se destierran los símbolos de la religiosidad supramundana, otros nuevos vienen a ocupar su lugar, a saber, símbolos desarrollados a partir del lenguaje científico intramundano» (Voegelin, 2014, p. 58). Una democracia agónica —en lucha— necesita buscar nuevos recursos de supervivencia, para lo cual intenta reinventarse a sí misma expandiéndose desde su condición de «sistema político» a una reivindicación de «sistema de vida». Para afianzarse en tal propósito, la democracia no tiene más remedio que generar o reformular los símbolos que sean expresión y defensa de sus pretensiones. En tal sentido, la confrontación derecho del Estado *versus* símbolos religiosos no sería otra cosa distinta que un combate virtual entre dos universos simbólicos.

En tercer y último lugar, antes se indicó que los símbolos significan en un contexto cultural. Y como viene señalando de manera constante la sociología, las religiones del mundo no han sido ajenas al proceso de globalización, lo que ha supuesto a veces una descontextualización cultural (Roy, 2010; Kurth, 2009; Beyer, 2006; Casanova y Berger, 2004). En consecuencia, los símbolos religiosos han transitado por procesos de «deslocalización» y, simultáneamente, de universalización y/o transformación de su significado. El resultado de este complejo proceso es la ambigüedad semántica del símbolo religioso. Pensemos por el momento en el niqab o el burka: ¿es una prenda para protegerse de las tormentas de arena? ¿Una vestimenta que denota el noble linaje de una mujer? ¿Un rechazo de la hipersexualización occidental? ¿Una forma de reivindicación política frente al pasado colonialista europeo? ¿Una manifestación patente de desprecio a las mujeres en el Islam? En materia de simbología religiosa personal, frente a las demandas de las distintas tendencias culturales emparentadas con el Islam, la impresión general que se obtiene es que Occidente es presa de sus propias contradicciones. Por un lado, la preservación de su «identidad simbólica» (ya sea ésta procedente de la tradición judeo-cristiana, como en el caso *Lautsi*, ya sea procedente de la tradición ilustrada, como en el caso *S.A.S.* (veremos ambos casos más adelante) y de los presupuestos de la convivencia democrática (*vivre ensemble*) dictarían el rechazo de determinados elementos de afirmación identitaria tras los cuales, se dice, se ocultan formas de discriminación, vejación o segregación.

*Tipos de tocados de cabeza femeninos en las tradiciones islámicas (Woman in Islam, https://asd-hs.wikispaces.com/woman+in+islam, fecha de consulta 25/05/2016).*

Por otro lado, la afirmación de la libertad, del derecho a la privacidad o a la intimidad y de la autodeterminación, obligan a respetar la diferencia hasta donde permita un real y tangible «principio de daño». Como resultado de estas fuerzas eventualmente antagónicas, la identidad occidental no puede ser otra (teóricamente) que la misma libertad, una identidad simbólicamente neutra cuyo contenido lo aportaría cada individuo, la narrativa de la modernidad cifrada en la ciudadanía republicana, o aquellos que numéricamente —en defensa de la libertad y del derecho de una «minoría mayoritaria»— consigan poblar con sus símbolos el *skyline* de las ciudades y el imaginario social. Esto significa una lucha por el control del espacio visual y por el espacio simbólico que toma ocasión del derecho estatal (del régimen de protección de los derechos fundamentales) para legitimar sus formas de expresión. Naturalmente, esa lucha no se plantea sólo entre grupos religiosos institucionales, entre el Islam de nuevo asentamiento y las tradiciones históricas cristianas. La presencia de la bandera arco iris del movimiento gay en los balcones de los ayuntamientos o en los rectorados de las universidades revela que cualquier grupo de creencias o de vivencias aspira a colonizar el espacio visual no sólo como garantía del disfrute de sus derechos, sino como instrumento para expandir (*nihil volitum nisi praecognitum*) su propia cultura.

# 3. CLASIFICACIÓN DE LOS SÍMBOLOS RELIGIOSOS

Las legislaciones de nuestro entorno geo-jurídico, los tribunales de justicia y la doctrina académica, han formulado algunas clasificaciones de los símbolos religiosos, atendiendo a criterios diversos. De dichos criterios puede depender el tratamiento jurídico dispensado a los símbolos clasificados; es decir: puesto que un determinado símbolo «cae» dentro de un determinado criterio, entonces el tratamiento jurídico derivado es uno concreto y no otro.

Sin pretender interpretar las clasificaciones desde un punto de vista de-constructivo (que llevaría a estimar que los criterios de clasificación son la coartada perfecta para justificar una decisión previamente adoptada), es evidente que detrás de esos criterios subyace algún tipo de postura o percepción acerca del impacto, de la relevancia o de las consecuencias que se derivan de la exhibición de un símbolo. Las clasificaciones al uso se han formulado, explícita o implícitamente, en pares opuestos. Examinemos a continuación algunas de ellas.

## 3.1 Símbolos religiosos activos y pasivos

Esta primera clasificación aparece tanto en la doctrina (Haupt, 2014; Gedicks y Annicchino, 2013; Hill y Whistler,

2013, p. 80–85; Movsesian, 2012; Liu, 2011; Llamazares Calzadilla, 1998, p. 570) como en la jurisprudencia, especialmente la del Tribunal Europeo de Derechos Humanos en la sentencia de la Gran Sala en el caso *Lautsi c. Italia*[10] (en adelante Lautsi II), precedida por una sentencia del Tribunal Constitucional federal alemán en el conocido caso de los crucifijos de Baviera[11], y seguida por otra sentencia del Tribunal Constitucional español[12].

El criterio de distinción entre los símbolos pasivos y los activos parece ser la influencia volitiva ejercida por el símbolo (que interpela al observador a realizar una determinada conducta de significación religiosa o no religiosa) o, si se prefiere, su carácter performativo. Un símbolo activo se entiende como «agresivo y misionero». Por el contrario, el símbolo pasivo por sí mismo no promueve una actividad religiosa (acción, oración, reverencia) en el espectador y su «impacto» visual no constituiría una forma de adoctrinamiento (Puppinck, 2012, p. 900–901). La característica del símbolo como activo o pasivo podría depender también de factores externos, tales como su ubicación (Llamazares Calzadilla, 1998, p. 570) o la actividad social en la que se sitúa (la bandera de los Estados Unidos, incardinada en el contexto de una ceremonia patriótica en la escuela, resultaba ser un símbolo activo[13]). La calificación pasivo o activo, por otro lado, parece intentar dejar de lado una aproximación ideológica inspirada en la jurisprudencia anterior a Lautsi II, sustituyendo la misma por una aproximación de tipo pragmático y no hostil al factor religioso en el espacio público (Cavana, 2012, p. 17).

10 *Lautsi and Others v. Italy* [GC], no. 30814/06, ECHR 2011, sobre exhibición de crucifijos en las aulas de un colegio público en Italia.

11 BVerfGE 93, 1 (Kruzifix-Entscheidung).

12 Sentencia del Tribunal Constitucional español 34/2011, de 28 de marzo de 2011 (BOE núm. 101, 28 abril 2011), sobre el patronazgo religioso del Colegio de Abogados de Sevilla. La calificación de símbolo pasivo aparece también en la sentencia norteamericana de 2014 *Red River Freethinkers v. City of Fargo*, 2014 WL 4178341 C.A.8 (N.D.), que forma parte de un prolongado litigio acerca de la reubicación de un monumento a los Diez Mandamientos en una plaza de la ciudad de Fargo (North Dakota).

13 *West Virginia State Board of Education v. Barnette*, 319 U.S. 624 (1943).

Esta distinción entre símbolos pasivos y activos parece entrar en crisis precisamente a raíz de las críticas doctrinales vertidas sobre la decisión de la Gran Sala en el caso Lautsi II (Andreescu y Andreescu, 2011, p. 209). El carácter pasivo del símbolo —señala la doctrina— radicaría en que no tiene el mismo valor que un discurso o exposición didáctica; sin embargo —se matiza— los símbolos son lo que son: atribuirles un carácter activo o pasivo resulta un tanto artificial, se dice, pues de suyo tienen una capacidad intrínseca de transmitir ideas, principios, teorías, narraciones, etc. (Cortese, 2011, p. 227). Otros autores interpretan que el carácter pasivo del símbolo no radica en su inocuidad (valoración fáctica) sino en «su inaptitud para lesionar un interés subjetivo subsumible en la libertad religiosa» (Simón Yarza, 2012, p. 912).

## 3.2 Símbolos religiosos dinámicos y estáticos

Con la distinción entre símbolos estáticos y dinámicos se atiende al hecho de que sea portado por personas (dinámico), o se encuentre unido o expresado en un elemento inerte (estático) (Areces Piñol, 2015, p. 56; Martín Sánchez, 2014, p. 2; López-Sidro López, 2013, p. 4–5; Meseguer Velasco, 2012, p. 51; Celador Angón, 2011, p. 178–192; Gamper Sachse, 2010, p. 647; Rubio López, 2010, p. 6).

La referencia que el Tribunal Constitucional español hace a esta distinción parece indicar que el símbolo estático tiene menor capacidad de influencia para infringir la libertad religiosa:

> *los elementos representativos a que nos venimos refiriendo, singularmente los estáticos, son escasamente idóneos en las sociedades actuales para incidir en la esfera subjetiva de la libertad religiosa de las personas, esto es, para contribuir a que los individuos adquirieran, pierdan o sustituyan sus posibles creencias religiosas, o para que sobre tales creencias o ausencia de ellas se expresen de palabra o por obra, o dejen de hacerlo*[14].

14 Sentencia del Tribunal Constitucional español 34/2011, de 28 de marzo de 2011

Esta apreciación se ha visto contestada desde los aportes de la neurociencia cognitiva, en virtud de los cuales se argumenta que la imagen en sí misma tiene en el espectador una fuerza superior a la de las palabras (habladas o escritas) (Haupt, 2014). La distinción entre lo textual y lo visual tiene también mucho que ver con una perspectiva en clave de libertad de expresión. Lo propio de la libertad de expresión es el texto, la palabra, mientras que el discurso simbólico-visual (*symbolic speech*) es mucho menos intenso o fuerte en orden a su protección. Esta apreciación acerca de la «fuerza de las imágenes» —presente quizá en la aproximación del Tribunal Europeo de Derechos Humanos a la lesión de los sentimientos religiosos (Martín-Retortillo Baquer, 2006, p. 601–606)— debe matizarse en el sentido de que podemos darla por válida en el contexto occidental de hoy en día, pero no puede ser aplicada en las culturas religiosas en las que la imagen de animales o de seres humanos está prohibida con el fin de evitar la idolatría.

Puestos a exigir rigor a este criterio de distinción, podría señalarse que el carácter dinámico se predica del portador, no del símbolo en sí mismo; por otro lado, si el símbolo (velo, cruz, kipá, etc.) lo viste o porta una persona difunta, ¿deja de ser dinámico? Si ese mismo símbolo es portado por un semoviente, en lugar de por una persona, ¿pasa por ello a ser un símbolo estático? Sea como fuere, en la medida en que la distinción atiende a si el símbolo es portado por una persona o está vinculado a un elemento material inerte, su virtualidad resulta limitada a la mera descripción factual.

## 3.3 Símbolos religiosos fuertes y débiles

El Tribunal Europeo de Derechos Humanos ha empleado esta distinción en tres importantes decisiones sobre el

(BOE núm. 101, 28 abril 2011), Fundamento jurídico 5.

tema que nos ocupa: los casos *Dahlab*[15], *Sahin*[16] y la sentencia de la Sala segunda en el caso *Lautsi*[17] (en adelante, Lautsi I).

La decisión de admisibilidad en el caso *Dahlab* entendió que es «símbolo fuerte» (*powerful religious symbol*) aquel que es visible de forma inmediata por otros y que ofrece una indicación clara de que la persona pertenece a una religión particular. La sentencia Lautsi I añade (en relación con el crucifijo en el aula) que el símbolo se percibe necesariamente como parte integrante de la escuela y que, en consecuencia, debe ser considerado un «símbolo externo fuerte». Ese primer rasgo, relativo a la inmediata visibilidad del símbolo, puede hacer relación al tamaño o dimensiones del mismo, de forma que no pase desapercibido al observador. En este sentido, el concepto de «símbolo religioso fuerte» estaría relacionado con los prohibidos en las escuelas francesas[18].

La caracterización del símbolo religioso fuerte no está exenta de críticas y matices. Desde el punto de vista práctico, un símbolo religioso no advertido (quizá porque pertenece a una confesión religiosa minoritaria) no sería calificado como tal, podría ser considerado simplemente un accesorio de vestimenta, un trozo de ropa o un elemento de decoración, con independencia de su tamaño. Por contraposición, los símbolos religiosos de las confesiones mayoritarias (particularmente las monoteístas) terminan pagando el precio de ser demasiado conocidos como para pasar desapercibidos y sus portadores

15 *Dahlab v. Switzerland* (dec.), no. 42393/98, ECHR 2001-V, sobre el uso del velo por una profesora de escuela estatal en Suiza.

16 *Leyla Şahin v. Turkey* [GC], no. 44774/98, ECHR 2005-XI, sobre el uso del velo islámico por una alumna universitaria de medicina en Turquía.

17 *Lautsi v. Italy*, no. 30814/06, 3 November 2009.

18 Article L141-5-1 Créé par Loi n°2004-228 du 15 mars 2004 - art. 1 JOR 17 mars 2004 en vigueur le 1er septembre 2004 «Dans les écoles, les collèges et les lycées publics, le port de signes ou tenues par lesquels les élèves manifestent ostensiblement une appartenance religieuse est interdit.», Legifrance «Code de l'éducation - Article L141-5-1», fecha de consulta 4 agosto 2014, en http://www.legifrance.gouv.fr/affichCodeArticle.do;jsessionid=B4EBA35C12682A20646397AE7B44.tpdjo11v_1?cidTexte=LEGITEXT000006071191&idArticle=LEGIARTI000006524456&dateTexte=20140804&categorieLien=id#LEGIARTI000006524456.

o partidarios verían limitada su libertad religiosa (Ciravegna, 2012, p. 142; Motilla, 2009, p. 145). El calificativo de «signo fuerte» acentúa el prejuicio y el rechazo hacia las «religiones fuertes», entendidas como amenaza para el secularismo democrático (Sajó, 2009). Por otra parte, un símbolo religioso intuitivamente fuerte (como el kirpan sij, un arma blanca en la percepción occidental) resulta no serlo conforme a esta clasificación si, como sabemos por la casuística internacional, se llevara oculto y sellado o cosido en la ropa[19].

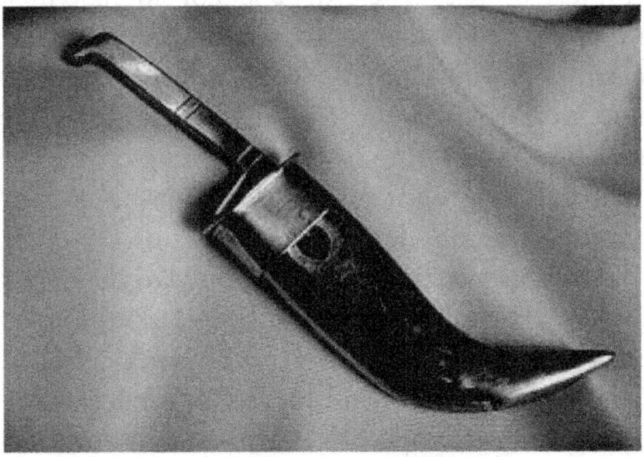

*Kirpan sij, que forma parte de las cinco "k" o artículo de fe junto con kesh (pelo largo sin cortar), khanga (peine de madera para recogerse el pelo), kara (brazalete metálico) y kashera (ropa interior de algodón). Fotografía de Hari Singh, en https://upload.wikimedia.org/wikipedia/commons/8/8d/Kirpan_small.JPG (fecha de consulta 26/05/2016).*

## 3.4 Símbolos religiosos personales e institucionales

Como hemos tenido ocasión de comprobar, las clasificaciones anteriores presentan dificultades para captar los elementos que en el plano factual y, en consecuencia, en el plano jurídico, permiten una aproximación a la solución jurídica más adecuada.

19 *Multani v. Commission scolaire Marguerite-Bourgeoys*, [2006] 1 S.C.R. 256, 2006 SCC 6, sobre el porte del kirpan en una escuela estatal canadiense.

Si, como ya se señaló, los dos elementos jurídicos entre los que bascula la cuestión de la simbología religiosa son la neutralidad ideológica del Estado y la libertad religiosa —sin perjuicio de la necesidad de introducir más matices y elementos—, los criterios básicos para clasificar los símbolos son precisamente esos dos. Respecto de la neutralidad del Estado, aparece el carácter institucional del símbolo (que algunos autores designan «símbolo del poder»); y respecto de la libertad religiosa, el carácter personal del símbolo (que se ha designado también como «símbolo de la conciencia») (Pacillo, 2004, p. 2). Ciertamente,

> ... *al diseñar cómo ha de ser el espacio público, no es lo mismo autorizar el uso de símbolos religiosos personales (vestimenta, objetos de veneración, etc.) que permitir —o imponer— la presencia visible de símbolos religiosos en áreas, edificios o instituciones públicos. No obstante (...) las soluciones prácticas adoptadas para ambos tipos de símbolos están frecuentemente interrelacionadas, e inspiradas en una noción subyacente de neutralidad del Estado* (Martínez-Torrón, 2014, p. 109–110).

El símbolo personal es, como su nombre indica, aquel que se incorpora a las personas, en calidad de vestuario, atuendo o adorno. El símbolo institucional es aquel elemento material o moral que se incorpora al Estado, o en entidades u organismos dependientes de él, como medios de expresión de diversas cualidades (identidad, origen, cultura, objetivos, etc.), o aquel que identifica a una institución y la diferencia de las demás (Amérigo y Pelayo, 2013, p. 12).

No me consta que esta distinción entre símbolos personales e institucionales haya sido acogida por la jurisprudencia o la legislación, pero por su generalidad y su flexibilidad permite pasar de un área a otra (de la neutralidad estatal a la pluralidad de la sociedad civil, en alumnos, profesores, funcionarios, etc.), al tiempo que trasciende la materialidad de la imagen para permitir la consideración —en su caso— de otros elementos expresivos, permitiendo así un estudio más amplio y comprensivo de la densa problemática en torno a la simbología religiosa.

# 4. LOS DOS PARÁMETROS JURÍDICOS PARA EL ESTUDIO DE LA SIMBOLOGÍA RELIGIOSA

Tal como se acaba de afirmar, los dos elementos entre los que gravita la cuestión de la simbología religiosa son la neutralidad ideológica del Estado y la libertad religiosa: se suele asociar la simbología institucional con la neutralidad del Estado y los símbolos religiosos personales con la libertad religiosa.

Sin embargo, con ser ciertas tales relaciones resultan incompletas. En primer lugar, porque en el campo de la simbología institucional ha irrumpido con fuerza la dimensión negativa de la libertad religiosa apuntalando el sentido excluyente de la neutralidad estatal respecto de símbolos religiosos en un marco institucional. En segundo lugar, porque en ocasiones la neutralidad del Estado —particularmente donde se ve acompañada de «relaciones de especial sujeción» (situaciones jurídicas de relación más intensa del particular con la administración estatal, como en el caso de los militares)— podría condicionar el resultado jurídico respecto de la actuación incluso de los sujetos privados (i.e. alumnos en un colegio de titularidad estatal). En tercer lugar, porque la «imagen neutral» puede convertirse en un signo de las empresas (y, por tanto, no sólo del Estado) limitando la eficacia horizontal de los derechos fundamentales (Aláez Corral, 2003, p. 113) (se verá más adelante en el caso *Baby Loup*). En cuarto y último lugar, porque no son infrecuentes los casos en los que la simbología religiosa se ha puesto en conexión no sólo con la neutralidad del Estado o con el derecho fundamental de libertad religiosa, sino también con la libertad de expresión, si contemplamos los símbolos religiosos como «discurso» (*symbolic speech*)[20], dada su dimensión de lenguaje gestual o gráfico[21].

Es por ello que un breve análisis acerca de las implicaciones del derecho de libertad religiosa y del principio de neutralidad del Estado debe realizarse con todas las cautelas para evitar reduccionismos.

---

20 Referencia necesaria son las sentencias del Tribunal Supremo de los Estados Unidos de América *Virginia v. Black*, 538 U.S. 343 (2003) sobre la quema de cruces por parte de miembros del Ku Klux Klan como práctica intimidatoria y *Texas v. Johnson*, 491 U.S. 397 (1989) sobre la quema de la bandera de los Estados Unidos como manifestación de protesta política.

21 Los ejemplos son múltiples; valga como botón de muestra *Tinker v. Des Moines Independent Community School District*, 393 U.S. 503 (1969), sobre los estudiantes que vistieron brazaletes negros para protestar contra la guerra de Vietnam; *Hearn v. Muskogee Public School District, U.S. District Court for the Eastern District of Oklahoma*, Civil Action No. C3-598-W (23 October 2003), sobre la prohibición escolar del uso del velo islámico en la escuela de titularidad pública. Más conocido puede resultar *West Virginia State Board of Education v. Barnette*, 319 U.S. 624 (1943), sobre la ceremonia patriótica de saludo a la bandera americana en las escuelas públicas estatales. Equiparan simbología religiosa y proselitismo (como forma de expresión de las convicciones religiosas) las *Guidelines on Religious Exercise and Religious Expression in the Federal Workplace*, August 14, 1997, fecha de consulta 23 julio 2014, en http://clinton2.nara.gov/WH/New/html/19970819-3275.html: «Section 2. Guiding Legal Principles. In applying the guidance set forth in section 1 of this order, executive branch departments and agencies should consider the following legal principles. A. Religious Expression. It is well-established that the Free Speech Clause of the First Amendment protects Government employees in the workplace. This right encompasses a right to speak about religious subjects. The Free Speech Clause also prohibits the Government from singling out religious expression for disfavored treatment: «[P]rivate religious speech, far from being a irst Amendment orphan, is as fully protected under the Free Speech Clause as secular private expression,» *Capitol Sq. Review Bd. v. Pinette*, 115 S.Ct. 2448 (1995). Accordingly, in the Government workplace, employee religious expression cannot be regulated because of its religious character, and such religious speech typically cannot be singled out for harsher treatment than other comparable expression.»

## 4.1 La libertad religiosa

Los símbolos religiosos son la materialización sensible de la religiosidad personal y colectiva, un modo de manifestar o dar testimonio de las propias creencias. La libertad religiosa precisamente protege el derecho de las personas a tener, no tener, cambiar o abandonar las creencias religiosas de su elección, así como a manifestarlas. Son muchos y muy buenos los estudios nacionales e internacionales que se han ocupado satisfactoriamente de explicar el contenido del derecho de libertad religiosa. A esos estudios me remito, dando por sentado que los símbolos religiosos guardan relación con el derecho de libertad religiosa.

Normalmente se ha prestado atención a los símbolos religiosos en cuanto que expresiones voluntarias o positivas, pero apenas se hace mención a los símbolos de índole religiosa impuestos de forma coactiva en las personas o en sus bienes. Me refiero aquí a las estrellas amarillas que los judíos tuvieron que portar durante el régimen nazi en Europa o, más recientemente, el empleo de la letra «N» para señalar las casas de los cristianos en Mosul (Irak).

Sentado lo anterior, vamos a poner exclusivamente la atención en aquellas cuestiones que resultan relevantes para el estudio de la simbología religiosa ante el derecho.

A la vista de las afirmaciones que realizan el Tribunal Europeo de Derechos Humanos, el Tribunal Supremo de los Estados Unidos o el Tribunal Constitucional español en torno a la dicotomía funcional que presenta el derecho de libertad religiosa (fórum internum/fórum externum), el símbolo religioso parece situarse en el sector del fórum externum o libertad para actuar, más que en el fórum internum, libertad para creer o para posicionarse vitalmente en las creencias. Esta conclusión intuitiva (llamémoslo así) no sería sino fruto de nuestra habitual tendencia a explicar las cosas mediante estructuras binarias, complementarias o contrapuestas.... Sin embargo, las cosas son un poco más complejas sin consideramos que el símbolo religioso es el puente necesario que pone en conexión la creencia imperceptible o inmaterial y el testimonio material (Hill y Whistler, 2013, p. 28). La antropología advierte de la intensidad que los elementos materiales tienen para la conformación de la religiosidad del ser humano y de que el desprecio (también jurídico) o minusvaloración de lo material-simbólico (frente a lo estrictamente intelectual o espiritual) no es sino la transposición al campo jurídico de categorías religiosas (McIvor, 2015) o el reflejo (desde el punto de vista filosófico-secular) de la disociación cartesiana entre la res cogitans y la res extensa conforme a la cual lo espiritual aparecería como lo merecedor del mayor respeto, mientras que lo material —compartido con el resto de la naturaleza— no es propia y distintamente humano, es prescindible... Particularmente, el Tribunal Europeo de Derechos Humanos ha contribuido a generar una cierta confusión respecto de la protección jurídica otorgable al portador de un símbolo religioso cuando distingue en el fórum externum la «manifestación» y la «motivación» o «influencia» de las creencias en la conducta externa, lo cual aboca a una «preferencia por la protegibilidad del hecho religioso institucionalizado» (Martínez-Torrón, 1994, p. 208) cuyas consecuencias prácticas no siempre se cohonestan bien con la justicia en el caso concreto.

Por otra parte, la actual coyuntura jurídico-política en Occidente parece atravesar una etapa de acentuada atención a la dimensión negativa de la libertad religiosa (Ladeur, 2009, p. 2464). Esta dimensión negativa significa que nadie puede ser obligado a manifestar sus creencias, a ser clasificado en razón de ellas, a profesar o adherirse a creencias o religiones que no son las suyas. Las razones que acompañan la protección de la dimensión negativa de la libertad religiosa pueden ser muy diversas: desde el efecto de inhibición que produce la obligación de manifestar la religión o las creencias (cuando éstas no son convencionales o usuales) hasta la importancia de evitar que las diferencias religiosas (especialmente respecto de las minorías) sean motivo de que algunos ciudadanos puedan sentirse ajenos (outsiders) en la sociedad política en la que viven. La creciente importancia de la dimensión negativa se ha traducido en una expansión de su hipotético contenido hasta abarcar el derecho a no ser expuesto (intelectual o sensorialmente) a nada que guarde relación con la religión o las creencias. Por establecer una comparación, la dimensión negativa del derecho de libertad religiosa vendría a ser lo que el right to be alone es para el derecho a la intimidad (Warren y Brandeis, 1890) o, por decirlo de otro modo, la dimensión negativa del derecho de libertad religiosa sería la quintaesencia del derecho a la libre conformación de la propia conciencia.

A este respecto, conviene introducir dos consideraciones de relevancia para el estudio de la simbología religiosa personal e institucional.

La primera sería intentar calibrar el contenido preciso de la dimensión negativa de la libertad religiosa mediante una comparación con otro derecho fundamental, la libertad de expresión. La dimensión negativa de la libertad de expresión remite al derecho a no expresarse. De suyo, no se comprende un «derecho a no oír» o «derecho a no ser expuesto a opiniones que no se comparten» (Tunehag, 2007, p. 6); se trata de una precisión que se ha puesto en primer plano con motivo del conflicto entre la libertad de expresión y la libertad religiosa. De hecho, en una sociedad democrática y diversa consideramos que el genuino intercambio de ideas constituye una riqueza (Zucca, 2012, p. 20). Sólo allí donde un sujeto se ve obligado a «tener que escuchar» su libertad se ve lesionada. No se lesiona la libertad de expresión negativa, sino el derecho de autodeterminación, el derecho a no ser coaccionado (Domingo, 2014a). A diferencia de lo que sucede con la libertad de expresión, respecto de la libertad religiosa en su dimensión negativa parece que se ha aceptado que abarque también la no exposición a nada que tenga que ver con lo religioso, por mor de una función añadida a lo que el derecho fundamental representa y significa: esta función sería evitar que la religión se convierta en un elemento de división (se la concibe negativamente por tanto) o de que, como ya se indicó antes, los disidentes pudieran verse a sí mismos como outsiders en la comunidad política. Sin embargo, coincido con la apreciación de que...

> *[e]n una sociedad abierta, elevar a la categoría de derecho fundamental la facultad de no ser confrontado a los símbolos religiosos privilegia en exceso (...) un tipo de sensibilidad —legítima, sin lugar a dudas— frente a otras que carecen, por el contrario, de un derecho semejante a no ser confrontado visualmente con expresiones que no comparten* (Simón Yarza, 2012, p. 920).

En definitiva, la libertad religiosa negativa no implica directamente el derecho a no ser expuesto a símbolos religiosos que no se comparten o con los que no se está de acuerdo. No es lo mismo la mera percepción y conocimiento de una realidad, que la exposición forzada o la exigencia de una actitud performativa, positiva o negativa. Sólo en los casos en los que se produce una coacción visual (exposición obligatoria no evitable) y/o intelectual (exigencia de un comportamiento de adhesión) frente al símbolo estaríamos ante una lesión del derecho general de autodeterminación.

Y la segunda consideración para el estudio de la simbología religiosa personal e institucional versa precisamente sobre la hipotética colisión entre la libertad religiosa positiva de quien porta un símbolo personal, y la libertad religiosa negativa de quien rechaza y está en desacuerdo con dicho símbolo. La situación no es hipotética. En la sentencia del Tribunal Europeo de Derechos Humanos *Ebrahimiam v. France*[22], de 2015, los pacientes o usuarios de un hospital público se que-

---

22 En el caso ante el Tribunal Europeo de Derechos Humanos *Ebrahimian v. France*, no. 64846/11, § ..., ECHR 2015, de 26 de noviembre de 2015, la laicidad francesa y la neutralidad de los servicios públicos se imponen sobre el uso del velo por parte de una trabajadora contratada como asistente social en el servicio de psiquiatría en el Centro de acogida y de cuidados hospitalarios de Nanterre. La orientación jurídica que el derecho francés adopta en la cuestión, a juicio del Tribunal de Estrasburgo, no es contraria al derecho fundamental de libertad de pensamiento, conciencia y religión reconocido en el Convenio europeo.

jaban de que una asistente social vistiera el velo islámico; de hecho, es parte de la justificación del despido de la trabajadora. También Francia, como se verá más adelante, ha planteado al Tribunal de la Unión Europea la legitimidad del rechazo de los clientes de una empresa a recibir asistencia técnica de una persona portadora de símbolos religiosos... ¿Cuál de las dos expresiones de libertad debe prevalecer, la del portador o la del observador? Se impone huir de la abstracta teorización: las circunstancias, el contexto real, impondrán el camino razonable. De nuevo, por analogía con la libertad de expresión, es fácil concluir que el encuentro visual e intelectual con símbolos personales en el espacio común compartido es lo propio de una sociedad diversa y democrática. Siguiendo en este punto la jurisprudencia del Tribunal Europeo de Derechos Humanos relativa a la libertad de expresión[23] (y pienso que la simbología religiosa es un punto de encuentro protectivo entre esta libertad y la libertad religiosa), cabe afirmar que el derecho fundamental de libertad religiosa es válido no sólo para las símbolos favorablemente recibidos o considerados inofensivos o indiferentes, sino también para aquellos que chocan, inquietan u ofenden; tal es la demanda del pluralismo, la tolerancia y el espíritu de apertura sin los cuales no existe una sociedad democrática. Recluir la simbología religiosa al espacio privado y personal (por entender reductivamente que la religión es sólo asunto privado) significa convertir automática y arbitrariamente la libertad religiosa en un «derecho de segunda clase» (Glendon, 2012). Por último, si establecemos de nuevo una cierta analogía en sede de libertad religiosa entre simbología y derecho a declarar las propias convicciones, parece que la dimensión positiva, en

23 «Subject to Article 10 (2), it is applicable not only to 'information' or 'ideas' that are favourably received or regarded as inoffensive or as a matter of indifference, but also to those that offend, shock or disturb the State or any sector of the population. Such are the demands of that pluralism, tolerance and broadmindedness without which there is no 'democratic society'. This means, amongst other things, that every 'formality', 'condition', 'restriction' or 'penalty' imposed in this sphere must be proportionate to the legitimate aim pursued.» *Handyside v. the United Kingdom*, 7 December 1976, §49, Series A no. 24

condiciones de paridad (es decir, no mediando el principio de daño en una expresión tangible) resultaría preponderante;

> *[e]l derecho a no declarar es universal, mientras no medie un acto voluntario del propio sujeto, que faculte a las autoridades para preguntar (p.ej. solicitud del reconocimiento del status de objetor de conciencia). (...) La facultad negativa del poder no se extiende, sin embargo, al derecho a impedir que otros las manifiesten. Si en unas determinadas circunstancias el derecho permite que el individuo voluntariamente manifieste su pertenencia religiosa o sus propias convicciones, esto no supone la violación de ningún derecho, para quienes opten por guardar silencio acerca de las mismas. Ciertamente, el acogimiento por las autoridades de tales declaraciones, provoca en todos la necesidad de decidir si las declaran o no. Ahora bien, siempre que la decisión sea libre y no se deriven consecuencias discriminatorias —sea cual sea la decisión adoptada— no cabe hablar, en absoluto, de obligación de declarar. Una cosa es obligación de declarar y otra, muy distinta, necesidad de decidir si se declara o no. Ningún sujeto puede impedir la libertad declarativa de otros con base en el argumento de que se le obliga a decidir* (Roca Fernández, 1992, p. 112).

## 4.2 La neutralidad del Estado

Al margen de cuál sea en concreto el modelo que un determinado ordenamiento jurídico estatal establezca respecto de las creencias y las religiones, y supuesto el reconocimiento de la libertad religiosa, parece que la garantía de ese derecho fundamental pasa por un cierto grado de neutralidad por parte del Estado.

Sin mayores y prolijos detalles respecto del contenido y alcance del principio de neutralidad, a los efectos que aquí interesan cabe decir que la neutralidad expresa una conducta del Estado ante los grupos religiosos que tiene dos manifestaciones (Martínez-Torrón, 2014, p. 114–117).

La primera es la imparcialidad del Estado y de su organización jurídica respecto del sector social relativo a las religiones y creencias; en este sector —crecientemente diverso y sometido a veces a tensiones— el papel del Estado «no es eliminar la causa de la tensión [el pluralismo] sino asegurar que los grupos en conflicto se toleran unos a otros»[24]; el Estado no toma partido por un grupo u otro: permanece imparcial y se limita a garantizar las condiciones de disfrute de la libertad de todos. Para lo cual, como una de las implicaciones o condiciones de esa imparcialidad, debe evitarse cuidadosamente cualquier confusión entre funciones religiosas y estatales[25].

La segunda manifestación de la neutralidad del Estado es la incompetencia para juzgar acerca de la verdad o falsedad de las doctrinas religiosas. La neutralidad en sus dos manifestaciones (imparcialidad e incompetencia gnoseológica) conlleva también el reconocimiento de la autonomía de lo religioso respecto de las actuaciones y de los fines que el Estado se propone llevar a cabo.

La neutralidad juega un papel instrumental o de actuación (Maclure, 2013, p. 3, 6). Interesa aquí subrayar la importancia de este papel, con el fin de que el debate jurídico se aleje del «fetichismo de los medios» conforme al cual «la separación de la Iglesia y el Estado y la neutralidad religiosa del Estado se convierten en valores que hay que defender a cualquier precio, más que medios, desde luego esenciales, pero que hay que definir en función de los fines a los que sirven» (Maclure y Taylor, 2011, p. 45). Por tanto, a la vista del fin pretendido (el reconocimiento del derecho de libertad religiosa de todos) la neutralidad se realiza de forma equilibrada, evitando que la falsa seguridad que proporcionaría un espacio público vacío, totalmente aséptico de religiones y de creencias, venga a ser rellenado por el propio poder estatal, que generaría una reli-

24 *Serif v. Greece*, no. 38178/97, §53, ECHR 1999-IX.

25 Sentencia del Tribunal Constitucional 24/1982, de 13 de mayo (Boletín Oficial del Estado —en adelante BOE— núm. 137 de 09 de junio de 1982), Fundamento jurídico 1. Esta misma doctrina se repite en las Sentencias del Tribunal Constitucional 177/1996, de 11 de noviembre de 1996, y 340/1993, de 16 de noviembre de 1993.

gión política como garantía de su supervivencia y su legitimación (Neuhaus, 1984, p. 134).

Al estudiar la aplicación del principio de neutralidad en la amplia experiencia judicial y legislativa, la doctrina norteamericana distinguió hasta tres significados del principio de neutralidad religiosa (Laycock, 1989).

El primero es la neutralidad «estricta» (strict neutrality), que significa que el Estado no puede utilizar la religión como criterio de actuación o de clasificación, ni puede conceder beneficios o cargas a los ciudadanos en razón de sus creencias: ser creyente religioso o no serlo no puede ser requisito para, por ejemplo, ocupar cargos públicos.

Los otros dos significados vienen a corregir la rígida aplicación de la neutralidad formal.

Así, la neutralidad «de fondo» (substantive neutrality) significa que la actuación del Estado no puede promocionar ni disuadir de la creencia, práctica u observancia, religiosa o no religiosa, para lo cual en algunas ocasiones debe tener en cuenta que una norma, aparentemente neutral, daña o beneficia una religión o creencia concreta y, en consecuencia, debe rectificar la aparente asepsia de dicha norma y proceder a una adaptación o acomodación a las creencias religiosas. El ejemplo tradicional de la neutralidad de fondo viene representado por el caso *Sherbert v. Verner*[26], del Tribunal Supremo de los Estados Unidos. Adele Sherbert, Adventista del Séptimo Día, fue despedida de su empleo en una empresa textil de Carolina del Sur ya que —al ampliarse el calendario laboral semanal— se negaba, por motivos de conciencia, a trabajar en sábado. Por esta misma razón no pudo obtener trabajo en otra empresa, y solicitó subsidio de desempleo. Le fue denegado ya que, conforme a la ley estatal de desempleo, no puede acceder a ese beneficio quien, sin «causa razonable o justa», hubiera rechazado un trabajo que se le ofreciera. El Estado entendió que los motivos religiosos no eran en modo alguno esa causa razonable. Ante la Corte Suprema del Estado no obtuvo protección, y es

26 *Sherbert v. Verner*, 374 U.S. 398 (1963).

en 1963 cuando acude en apelación ante la Tribunal Supremo. Éste dictó sentencia favorable a la apelante. En la sentencia se establece que la libertad religiosa puede verse infringida no sólo por una legislación directamente discriminatoria, sino también por leyes con propósito secular o neutral, que indirectamente gravan la conciencia aun de forma inopinada.

Y la neutralidad «desglosada» (disaggregated neutrality) es aplicable en supuestos en los que, puesto que la acción u omisión estatal tiene necesariamente consecuencias lesivas para la religión, a corto o largo plazo, no parece posible alcanzar un punto cero o una neutralidad absoluta: si el Estado actúa, se produce un apoyo no neutral, pero si no actúa, su silencio tampoco es neutral, porque se interpretaría como hostilidad a la religión. Este dilema que presupone la neutralidad desglosada lo encontramos en Lautsi II. En este caso, como puso de manifiesto Joseph Weiler en su intervención ante el Tribunal con motivo del recurso contra la sentencia de instancia, si el crucifijo permanece el mensaje inmediato es el de apoyo estatal de una religión, de no ser neutral; pero más alarmante incluso sería la situación en la que los crucifijos, que siempre habían estado ahí, de pronto desaparecieran. No se equivoquen —señalaba el constitucionalista norteamericano— una pared vacía por mandato estatal, como en Francia, podría sugerir a los escolares que el Estado adopta una actitud anti-religiosa. De igual forma, un crucifijo en la pared puede ser percibido como una coacción. De nuevo, depende del currículo la contextualización y la enseñanza a los niños italianos acerca de la tolerancia y el pluralismo (Weiler, 2010). En consecuencia, la solución viene determinada por algún factor contextual que arroja un resultado equilibrado, no conflictivo, en el caso concreto.

# 5. ESPACIO Y SÍMBOLOS RELIGIOSOS

La indagación jurídica en torno a la exhibición de los símbolos religiosos se centra en un espacio concreto, el espacio público (public arena, public domain, espace public, etc.) Son abundantes los ejemplos que ponen de manifiesto que los regímenes del espacio público y del privado son distintos. Así, por ejemplo, las consecuencias de determinadas expresiones en público o privado son distintas en la aplicación de la Racial and Religious Hatred Law de 2006, del Reino Unido y la prohibición del velo integral en Francia no vige cuando se viste en el hogar (Ferrari, 2012, p. 148).

Como es fácil imaginar, el interés despertado por el tratamiento jurídico de la simbología religiosa ha propiciado abundantes estudios destinados a definir de la forma más precisa posible el espacio público en el cual los símbolos religiosos están sujetos a una especial regulación.

El término «espacio público» puede prestarse a confusión en la medida en que abarca varios ámbitos, físicos o virtuales. En efecto, el espacio público no sólo puede verse poblado por símbolos religiosos visuales, sino también por formas de expresión verbal, escrita o, simplemente, por conductas en las que intervienen tanto las personas como el Estado. Respecto de las primeras —las personas— es claro que están ejercitando el derecho fundamental de libertad de expresión, en sus distintas modalidades, o el derecho fundamental de libertad religiosa. Y respecto del Estado, es evidente que no es titular de un derecho a la libertad de expresión, si bien de forma directa (i.e. expresiones relativas a la identidad nacional e histórica, acentuadas en ocasiones especiales) o de forma indirecta (i.e. financiación de expresiones, iniciativas, obras de arte, etc.) se verifica un discurso (Ledewitz, 2011, p. 115–116) que debe moverse en los márgenes, en ocasiones poco nítidos y desde luego no universalizables, de la neutralidad estatal.

El concepto de espacio público viene empleándose en un sentido amplio, no limitado a lugares físicos de libre acceso, en virtud de una concepción potenciada en parte por la comprensión del espacio público presente en la decisión del Tribunal Europeo de Derechos Humanos en el caso *Otto-Preminger-Institut v. Austria*[27]. A este respecto, y por lo que atañe a nuestro país, conviene tener presente

> *... que la propiedad de los bienes públicos es, sí, del Estado, de las distintas Administraciones, pero tales bienes o espacios no "son" el Estado. (...) [L]a cuestión dominical, en relación a estos bienes —en particular del dominio público—, es secundaria, siendo lo característico y relevante su carácter de bienes destinados al servicio de los derechos ciudadanos, también del natural desenvolvimiento de sus opciones ideológicas. Y esto no solo porque la ciudadanía pueda desplegar ella misma esas opciones de carácter ideológico o religioso (al vestir, por ejemplo, una prenda de ese tenor), sino porque un elemento religioso pueda incorporarse establemente a ese espacio (por ejemplo, con un nombre, una estatua o un símbolo), satisfaciendo de esta manera las identidades ciudadanas* (Prieto Álvarez, 2013, p. 17).

27 *Otto-Preminger-Institut v. Austria*, 20 September 1994, Series A no. 295-A, sobre la compatibilidad de la libertad de expresión en su dimensión artística con el secuestro de una obra cinematográfica cuya exhibición en local cerrado exige pago de entrada para su visionado por el público.

En este sentido, el espacio público no sería sinónimo ni equivalente a «espacio vacío» de simbología religiosa, sino que la legítima presencia de dicha simbología se mueve en el marco prudencial de los límites al ejercicio de los derechos fundamentales y de la configuración de la neutralidad estatal (Cañamares Arribas, 2006, p. 319–321).

El espacio público no comprende sólo lo abierto o accesible a todos (espacio común), sino que también se predica tanto del lugar, físico o virtual, en el que se produce el intercambio de ideas y opiniones acerca de las cuestiones de interés común (espacio político), y de los lugares relacionados con el Estado (espacio institucional) (Ferrari, 2012, p. 149–153; Maclure y Taylor, 2011, p. 53–58).

Respecto del Estado podemos, a su vez, distinguir dos facetas (Martines y Silvestri, 2010, p. 151; Rolla, 2010, p. 33): una vinculada al conjunto de órganos de gobierno de un país soberano (Estado-estructura); y otra relativa al grupo social organizado políticamente que, a su vez, comprendería tanto la sociedad política como la sociedad civil (Estado-comunidad). Es evidente que el principio de neutralidad afecta de modo más intenso a la primera faceta (Estado-estructura) que a la segunda (Estado-comunidad) o, dicho de otro modo, se exige el Estado-estructura la neutralidad con el fin de que los ciudadanos vean garantizado el disfrute de sus derechos fundamentales de libertad religiosa e ideológica. De ahí que se haya afirmado que la determinación ad casum del espacio público venga configurada por la intersección del elemento espacial (o material) y el elemento personal, entendido como «la función que desempeñan los individuos en los distintos espacios públicos» (Martín Sánchez, 2014, p. 7).

En general, el espacio público europeo se configura según tres posibles tendencias (Religare, 2013, p. 2). La primera admite que la religión mayoritaria tenga una presencia predominante en el espacio público, pues se considera que refleja los principios y valores compartidos por la sociedad en general (caso de Italia). La segunda tendencia entiende que la identidad nacional no puede ser garantizada por ninguna religión, ya que ninguna posee la autoridad para servir como factor de cohesión; la ciudadanía estatal sólo se puede edificar en torno a creencias o principios seculares (libertad, igualdad, tolerancia, democracia) que deben ser asumidos por los individuos y grupos con independencia de su raza o credo (el caso de Francia resulta paradigmático). Una tercera y última tendencia resulta más flexible, puesto que deja un cierto margen para rediseñar el espacio público de forma que refleje la diversidad social, en el respeto a los derechos fundamentales y al principio de no-discriminación, lo cual sitúa a este modelo en una permanente revisión (Reino Unido es ejemplo de esta tendencia).

Si lo anterior es una descripción acerca de las tendencias relativas a la configuración del espacio público, a continuación cabe exponer un conjunto de criterios que pueden ayudar a orientar o discernir las posibles soluciones ante el hipotético problema de la presencia de símbolos religiosos institucionales en el espacio público, allí donde resultara comprometida la neutralidad del Estado.

La rica experiencia angloamericana de más de treinta años de jurisprudencia continuada acerca de los símbolos institucionales en el espacio público permite discernir algunos criterios relevantes a la hora de decidir jurídicamente acerca de la permisibilidad o no del símbolo religioso institucional (Witte y Arold, 2011, p. 47–51). El primero de esos criterios es el tiempo: como en otras áreas relativas a la neutralidad estatal, los símbolos religiosos más antiguos se «comportan mejor» desde el punto de vista de la revisión constitucional que los de nueva erección o factura, en parte porque el transcurso del tiempo (cuya medida es relativa, a efectos históricos, en América y en Europa) juega siempre un papel importante ante el derecho y ante el imaginario social (que asimila como «parte del paisaje» una determinada realidad «que siempre estuvo ahí»). En segundo lugar, resulta también importante la percepción social del símbolo, es decir, su polisemia (significado artístico, histórico, político, etc.) de forma que el valor religioso no es ni único ni preponderante. En tercer lugar, la localización geográfica o la ubicación, es decir, si se encuentra en una posición de presidencia, de centralidad, de forma que resulta «inevitable» a la vista, o si se encuentra en un lugar desierto y remoto (más frecuentado «por las serpientes de cascabel que por los humanos», como advertía un juez americano[28]). En cuarto y último lugar, si el símbolo religioso institucional se compensa con otros símbolos, seculares o religiosos. Ciertamente, los resultados judiciales acerca de la combinación de símbolos no dejan de resultar desconcertantes incluso para los propios estudiosos norteamericanos (McConnell, 1992, p. 126–127); pero lo cierto es que la combinación de varios símbolos religiosos con motivo de las fiestas de navidad, o de símbolos religiosos y seculares, que difuminan el mensaje estrictamente religioso, resultan más aceptables para la inflexible revisión del Tribunal Supremo de los Estados Unidos.

A luz de la experiencia jurisprudencial, la doctrina española también ha ofrecido una propuesta —sólo en parte coincidente con los criterios anteriores— acerca de los principios jurídicos aplicables para orientar la solución más adecuada en supuestos relativos a símbolos institucionales (Areces Piñol, 2014, p. 37–55; Martínez-Torrón, 2014, p. 117–118). En primer lugar, se señala el principio del respeto a las minorías, que pueden considerarse lesionadas y/o marginadas por un símbolo cultural e históricamente aceptado por la mayoría de la población. En segundo lugar, el principio de respeto al criterio democrático de la mayoría conforme al procedimiento legalmente establecido. En tercer lugar, el principio de respeto al criterio histórico-cultural. Estos dos últimos principios, de forma implícita o explícita, vienen acompañados por los criterios de la jurisprudencia del Tribunal Europeo de Derechos Humanos (en Lautsi II) y del Tribunal Supremo de los Estados Unidos de América (Arlettaz, 2013; Movsesian, 2012), relativos a la ausencia de coerción y de adoctrinamiento. La ausencia de coerción significa que la exhibición del símbolo

28 Me refiero al juez del Tribunal Supremo de los Estados Unidos Samuel Alito en su voto concurrente en el caso *Salazar v. Buono*, 130 S.Ct. 1803 (2010).

no obliga a declarar, cambiar o suprimir las propias creencias. Por lo demás, estos principios admiten variables y grados, habida cuenta de la dificultad que entraña aplicar una regla apriorística allí donde el contexto (geográfico, humano, y un largo etcétera) propone un marco peculiar de análisis.

En fin, desde la experiencia jurisprudencial europea y española se han avanzado unos argumentos relativos al mantenimiento de los símbolos institucionales válidos tanto para el espacio público, en general, como para la presencia de los crucifijos en las aulas públicas, en particular (Rey Martínez, 2012, p. 27): (i) el criterio de la tradición (i.e. secularización del símbolo, que pierde su primordial significado religioso dando paso a un significado cultural o histórico preponderante), (ii) el criterio de la irrelevancia (cuál es la percepción del símbolo en el contexto visual); (iii) el criterio de la irreligiosidad (si el acto de retirada se puede interpretar más como hostilidad abierta contra la religión que como instauración de un equilibrio de neutralidad); (iv) de nuevo, el argumento democrático (el deseo de la mayoría de mantener el símbolo).

## 5.1 Definición de «vía pública»

El punto de partida viene representado por una idea que, no por ser casi intuitiva, debe darse por supuesta: el deber de neutralidad e imparcialidad del Estado en materia de religión no significa que deba removerse cualquier simbología del espacio público (entendido éste en sentido amplio). La cuestión no es si debe haber mucho o poco símbolo religioso a la vista en el espacio físico público, sino cuál es el contexto concreto. Si todas las religiones y sus formas de expresión se excluyen del espacio público entonces —recordémoslo— lo no religioso, lo arreligioso y lo antirreligioso gozan de ventaja, se quedan a sus anchas en el espacio público y el Estado, de forma implícita, toma partido por una opción al excluir otras (Robbers, 2006, p. 299) Ante el reto de la diversidad actual o potencial, la comprensible tentación de acceder a una inmediata, completa y definitiva neutralización del espacio público es algo que resulta no sólo de difícil realización y a la postre contraproducente sino, sobre todo, algo difícilmente compatible con el derecho fundamental de libertad religiosa (D'Angelo, 2008, p. 523)

La vía pública consiste en el espacio abierto a todos: caminos, calles, carreteras, plazas, etc., sin permiso especial de nadie, con acceso permanente e incondicional (Castro Jover, 2013, p. 7; Chelini-Pont y Ferchiche, 2010, p. 13–14). La simbología religiosa «estática» en la vía pública (un «crucero» en una plaza de Galicia, una cruz en una bandera, una imagen del santo patrón, etc.) no resultaría lesiva allí donde no quepa atribuir una declaración por parte del Estado-estructura. Se entiende que el símbolo religioso está contextualizado en un ámbito histórico o de identidad nacional (Areces Piñol, 2011, p. 16–21). Ciertamente el criterio de la historia ejerce una nivelación sobre el valor religioso de la simbología, hasta el punto de que la erección ex novo de monumentos o símbolos religiosos institucionales, frente a los que ya estaban presentes tiempo atrás, es más susceptible de considerarse contraria a la neutralidad del Estado (Koppelman, 2011, p. 1117, 1122). No obstante, la presencia de diversas creencias (religiosas y no religiosas) en un mismo espacio puede debilitar el criterio de la tradición o la historia. Y dependiendo una vez más del contexto jurídico-cultural de cada país, la suscripción particular y erección en la vía pública de determinados monumentos o símbolos de carácter religioso no causan mayor inquietud en la medida en que sean los propios ciudadanos quienes se ocupen directamente del gasto[29]. La excepción a la flexibilidad adaptada al contexto, suscribiendo una tendencia de estricta asepsia, corresponde a Francia: recordemos que el artículo 28 de la Ley de Separación de 1905 prohíbe para el futuro colocar símbolos o emblemas religiosos en monumentos públicos, a excepción de los que se sitúen en edificios destinados al culto, cementerios, monumentos funerarios y museos o exposiciones[30].

29 Sentencia del Tribunal Superior de Justicia de Madrid 405/2011, de 20 de mayo, Fundamento Jurídico 5, Roj: STSJ M 9703/2011 - ECLI:ES:TSJM:2011:9703. La construcción del monumento religioso del Cristo de Monteagudo fue sufragada por los vecinos de Murcia.

30 Loi du 9 décembre 1905 concernant la séparation des Eglises et de l'Etat (Version

Más compleja se mostraría la presencia de símbolos institucionales en la vía pública en aquellos casos en los que la significación religiosa, histórica, artística y cultural se viera mediatizada por connotaciones políticas. La Ley española conocida como de la Memoria Histórica[31] establece en su artículo 15.1:

> *Las Administraciones públicas, en el ejercicio de sus competencias, tomarán las medidas oportunas para la retirada de escudos, insignias, placas y otros objetos o menciones conmemorativas de exaltación, personal o colectiva, de la sublevación militar, de la Guerra Civil y de la represión de la Dictadura. Entre estas medidas podrá incluirse la retirada de subvenciones o ayudas públicas.*

Esta previsión legal viene modulada por el número 2 del mismo artículo:

> *Lo previsto en el apartado anterior no será de aplicación cuando las menciones sean de estricto recuerdo privado, sin exaltación de los enfrentados, o cuando concurran razones artísticas, arquitectónicas o artístico-religiosas protegidas por la ley.*

Al margen de la precisión de las previsiones legales, la peculiar combinación que se produjo durante el régimen del general Franco entre la identidad ideológica del sistema y la religión católica se proyecta para esta ley como un punto de conflicto social y jurídico. De ahí que se hayan producido algunos episodios judiciales (Lemus Diego, 2014, p. 19–22) de los cuales, por su novedad, cabe destacar el de la Cruz del Castro de Vigo; el Tribunal Superior de Galicia pronunció sentencia el 5 de febrero de 2015, en apelación contra la dictada por el Juzgado de lo Contencioso-Administrativo nº 2 de Vigo, que

consolidée au 19 mai 2011), fecha de consulta 6 agosto 2014, en http://www.legifrance.gouv.fr/affichTexte.do?cidTexte=LEGITEXT000006070169&dateTexte=20080306.

31 Ley 52/2007, de 26 de diciembre, por la que se reconocen y amplían derechos y se establecen medidas en favor de quienes padecieron persecución o violencia durante la guerra civil y la dictadura (BOE núm. 310, de 27 de diciembre).

ordenaba acceder a la petición de la Asociación Viguesa Pola Memoria Histórica Do 36 de retirar el elemento arquitectónico denominado Cruz de los Caídos sito en el Monte do Castro de Vigo[32]. El Tribunal acoge la tesis del Concello de Vigo, apelante, conforme a la cual, desaparecido del monumento el componente de exaltación de la dictadura y la carga fascista originaria (en virtud del acuerdo plenario de 30 de junio de 1981 adoptado por todas las fuerzas políticas por unanimidad), el monumento quedaría al margen de la aplicación del artículo 15 de la ley, remitiendo su significado a un símbolo religioso que permite reflexionar sobre el pasado histórico.

También pueden verse implicadas las normas urbanísticas respecto de símbolos que, siendo institucionales por representar a las religiones, sin embargo son privados y se levantan en las ciudades. Se trata de un campo de investigación con una sustantividad propia que guarda algunos puntos de conexión con el área que aquí se analiza. Tomando en cuenta el impacto visual, podrían diferenciarse dos supuestos en lo que a esos símbolos se refiere.

En un extremo podría situarse los eruvin judíos. Se trata de unas líneas trazadas a cierta altura, mediante cuerdas o cintas, uniendo varios postes de electricidad o teléfono, demarcando un espacio dentro del cual, conforme a las reglas halájicas, pueden transportarse objetos durante el descanso sabático. De suyo, los eruvin sólo exigen para su instalación en los postes de luz o teléfono el permiso y/o acuerdo con la correspondiente compañía concesionaria. Como símbolo, el eruv pasa totalmente desapercibido para un espectador común pues no tramite mensaje religioso alguno.

Sin embargo, en algunas ciudades norteamericanas la instalación de los eruvin ha sido objeto de una densa polémica dentro del propio mundo judío, enfrentando a los grupos más observantes con los judíos liberales. Para estos últimos, los uruvin urbanos son una forma «legalista» de entender el sába-

32 Sentencia del Tribunal Superior de Justicia de Galicia 54/2015, de 5 de febrero, Roj: STSJ GAL 536/2015 - ECLI:ES:TSJGAL:2015:536.

do y contraria a la neutralidad del espacio público que ordena la Constitución federal norteamericana (Fonrobert, 2015).

En el otro extremo se sitúan la construcción de minaretes. Europa ha sido espectadora y protagonista del amplio e intermitente debate acerca de los minaretes de las mezquitas, que oscila entre la terminante prohibición suiza, la adecuación a las normas del planteamiento urbanístico en Roma o la mimetización con los estilos arquitectónicos circundantes, como sucede en la ciudad francesa de Lille (Allievi, 2009, p. 45–47).

## 5.2 Espacios públicos especiales (parques naturales, reservas, etc.)

Una variante de la simbología institucional en la vía pública es la ubicación de símbolos en espacios abiertos sometidos a unas condiciones normativas especiales de control por parte del Estado. Dada la especial vinculación existente entre el Estado-estructura y dicho espacio (hasta el punto de restringirse el normal uso y el ejercicio de la libertad deambulatoria de los particulares), se ha entendido que un símbolo religioso institucional presente en dicho espacio transmite un mensaje de adhesión del Estado a una religión. Un supuesto reciente fue resuelto por el Tribunal Supremo de los Estados Unidos mediante su sentencia Salazar v. Buono[33]. Ciertamente, en los Estados Unidos de América,

> *...[e]l asunto de los símbolos religiosos en la propiedad pública se ha hecho depender del contexto y de las circunstancias de esos símbolos (siempre mejor acompañados que solos)*

33 *Salazar v. Buono*, 559 U.S. 700 (2010), constitucionalidad de transferencia de propiedad y de presencia de una cruz conmemorativa de los veteranos de guerra fallecidos, en un parque natural de California. La sentencia estuvo precedida por otra del noveno circuito del Tribunal federal de apelación, *Paulson v. City of San Diego*, 294. 3d 1124 (2002), sobre transferencia de terrenos en los que se ubica una cruz conmemorativa de los caídos en las guerras: es la conocida *Mount Soledad Cross Controversy*. También resulta muy relevante, a los efectos de apreciar la configuración de los símbolos religiosos estáticos o institucionales en terrenos de propiedad estatal, *Capitol Square Review and Advisory Board v. Pinette*, 515 U.S. 753 (1995): la sentencia se funda en la legitimidad de la libertad de expresión particular en el terreno debatido.

*así como de su posible conexión histórico-cultural (secularización del signo)* (Rubio López, 2010, p. 52).

Guarda cierta semejanza con el supuesto Salazar el que se planteó en España respecto de la Cruz de la Muela (Orihuela, Alicante). Con motivo del recurso interpuesto por la asociación laicista Preeminencia del Derecho, solicitando la retirada de una cruz del Monte de la Muela, el Tribunal Superior de Justicia de la Comunidad Valenciana indica:

> *En nuestro país, como en tantos otros de similares tradiciones culturales y religiosas a que se ha hecho referencia, se aprecia en multitud de lugares públicos la presencia de símbolos de carácter religioso como crucifijos, monumentos o estatuas representativas de la figura de Cristo similares al que ahora nos ocupa, cuyo mantenimiento no es sino manifestación del respeto a dichas tradiciones y no imposición de unas particulares creencias religiosas, y en tal sentido no pueden entenderse como representativos de posturas de intolerancia hacia el no creyente en las mismas y así debe entenderse cuando de su mantenimiento se trata*[34].

En su sentencia que resuelve un recurso de casación sobre este asunto —y emparentando la doctrina expuesta con la recogida en la sentencia que se analiza en el párrafo siguiente— el Tribunal Supremo indica que

> *...no basta simplemente con un planteamiento subjetivo del principio constitucional de aconfesionalidad del Estado para entender que la mera presencia de un símbolo religioso pueda vulnerar el derecho subjetivo a la libertad ideológica o religiosa, sobre todo aquéllos que son verdaderos signos identitarios y resultado de una convención social, fruto del consenso colectivo. (...) [D]e los datos que resultan del proceso de instancia y del debate habido en casación es posible*

34 Sentencia del Tribunal Superior de Justicia de Valencia 648/2011, de 6 de septiembre, Fundamento jurídico 9, Roj: STSJ CV 6616/2011 - ECLI:ES:TSJCV:2011:6616.

*llegar a la conclusión de que la Cruz de la Muela forma parte, no sólo ya de la simbología religiosa tradicional de la población alicantina de Orihuela sino además de su propia fisonomía cultural, porque así lo ha querido el consenso social, que no sólo se remonta, como pretende la parte actora, a una etapa predemocrática anterior a la Constitución de 1978, sino que sus orígenes son muy anteriores, situados concretamente en el año 1411. Todo ello aunque la cruz actual no sea la original, lo que, en cualquier caso, revela su arraigo popular durante más de seiscientos años y su incardinación dentro de la propia tradición cultural y social de Orihuela y de su patrimonio histórico religioso cultural.*[35]

*Detalle de un eruv en la ciudad antigua de Jerusalén, junto a la torre de David (https://commons.wikimedia.org/wiki/File:Old_Jerusalem_Eruv_at_Tower_of_David.jpg, fecha de consulta 01/06/2016).*

En sentido similar, pero en una situación más interesante a los efectos de este apartado (pues el lugar de emplazamiento es de propiedad del Estado), la misma Asociación Preminencia del Derecho interpuso también un recurso de protección de los derechos fundamentales solicitando

*...se proceda a la retirada de la estatua del fundador del cristianismo que desde la década de los años 50 y como reliquia del totalitarismo católico impuesto por el régimen de Franco, sobrevive*

35 Tribunal Supremo, Sentencia 5166/2014, 2 diciembre 2014, Fundamentos de Derecho 4 y 5, Roj: STS 5166/2014 - ECLI:ES:TS:2014:5166.

> *sobre el castillo musulmán de Monteagudo* [situado a 5 km. de Murcia], *cuya belleza destroza, dicho sea de paso, ya que el Estado es propietario del citado monte, castillo y estatua de la confesión católica. La citada estatua, aparte de constituir una enfermiza incrustación que profana al castillo hispano musulmán del último rey islámico, patrimonio histórico, está ubicada en terrenos de propiedad del Estado, por lo que proyecta la identificación de este con el credo católico del cual dimana. En septiembre de 1936, bajo la Constitución Republicana que proclamaba, como esta de ahora, la aconfesionalidad de Estado, otra parecida que allí existía, fue demolida con muy buen criterio por orden del Ayuntamiento de Murcia.*[36]

El Tribunal Superior de Justicia de Madrid, en su sentencia de 20 de mayo de 2011, no acoge la pretensión de la asociación actora, advirtiendo que

> *...la neutralidad e imparcialidad del Estado exigida por el art. 16.3 CE no es en forma alguna incompatible con la presencia de símbolos religiosos en lugares públicos que como el presente no son sino expresión de la historia y cultura de nuestro país (al margen lógicamente de las consideraciones que deban merecer sus valores artísticos o estéticos) que inevitablemente está cargada de elementos religiosos e ideológicos perfectamente compatibles con el principio de laicidad positiva exigido por la Constitución Española*[37].

Como es de sobra conocido, los símbolos religiosos en espacios abiertos han sido ocasión de pronunciamientos judiciales por parte del Tribunal Supremo de los Estados Unidos de América. En Allegheny County v. ACLU of Pittsburgh[38] se ventilaba la compatibilidad de una escena de Navidad (de do-

---

36 Sentencia del Tribunal Superior de Justicia de Madrid 405/2011, de 20 de mayo, Fundamento Jurídico 1, Roj: STSJ M 9703/2011 - ECLI:ES:TSJM:2011:9703.

37 Ibidem, Fundamento Jurídico 9. En casación no se modificó la orientación dada al tema (Sentencia del Tribunal Supremo 1798/2013, de 4 de marzo de 2013, Roj: STS 1798/2013 - ECLI:ES:TS:2013:1798).

38 *Allegheny County v. ACLU of Pittsburgh*, 492 U.S. 573 (1989).

nación privada) en la escalera del edificio judicial del Condado de Allegheny y de una menorá (candelabro judío de siete brazos) próxima a un gran árbol de navidad, colocados fuera de un edificio público, con la neutralidad constitucionalmente consagrada. El primer símbolo fue declarado contrario a la Constitución, no así el segundo. Desde el punto de vista intuitivo (viendo el lugar en el que se encontraban los símbolos) es claro que el interior y el exterior del edificio oficial marcan en este caso una diferencia notable. La colocación de monumentos que hacen referencia al Decálogo judeo-cristiano en espacios abiertos también fue ocasión del pronunciamiento judicial en el caso *Van Orden v. Perry*[39];

> *...la sentencia, reconciliando el fuerte papel jugado por la religión y las tradiciones religiosas en Estados Unidos con el principio de neutralidad religiosa estatal, consideró que la presencia del monolito con los Diez Mandamientos resultaba constitucional* (Cañamares Arribas, 2011, p. 65).

La doctrina sentada en la sentencia Van Orden fue decisiva a la hora de que tribunal federal inferior al Supremo, decidiera la permanencia de una estatua de Jesucristo (Big Mountain Jesus, más explícita que la cruz del caso *Salazar v. Buono*) en una estación de esquí en suelo público, gestionada por una empresa privada. La estatua fue erigida en el año 1954 por los Caballeros de Colón en homenaje a los veteranos de la II Guerra Mundial y los militares dela 10ª División de Montaña. Del texto de la sentencia[40] se deduce una especie de integración plenamente secular del monumento en el entorno humano y geográfico: forma parte del paisaje y de la historia local. Distinto es el resultado en la sentencia Prescott v. Oklahoma Capitol Preservation Commission, del Tribunal Supremo del Estado de Oklahoma, que estima contrario a la Constitución

39 *Van Orden v. Perry*, 545 U.S. 677 (2005). Entre otros recientes pronunciamientos sobre símbolos religiosos institucionales en espacios públicos de carácter especial, *Prescott v. Capitol Preservation Commission*, (OK Cnty Dist. Ct., Sept. 19, 2014).

40 *Freedom from Religion Foundation v. Weber*, 2015 WL 5092527 (C.A.9 (Mont.).

del Estado[41] un monumento a los Diez Mandamientos —sufragado con fondos privados— en suelo público, más en concreto en las inmediaciones del capitolio estatal[42]. La diferencia respecto de la sentencia Van Orden estriba, tal como indica el propio Tribunal Supremo de Oklahoma, en que la norma aplicable al caso es la Constitución estatal, no federal, cuyo texto prohíbe expresamente el uso de propiedad pública en apoyo de una religión. Distinto hubiera sido, quizá, la erección de este mismo monumento en suelo privado al aire libre, pagado por fondos privados. Pero entonces el mensaje que se pretendía transmitir (i.e. la influencia de la tradición judeo-cristiana en el sentido del Derecho y de la Justicia) no estaría presente o no tendría el mismo valor.

## 5.3 Edificios públicos

Prieto Álvarez rechaza la distinción entre espacios públicos abiertos (vía pública) y cerrados (edificios) en el derecho español:

> *Aunque puede afirmarse que esta distinción conceptual edificios/resto de inmuebles del dominio público tiene cierta acogida en la legislación actual de bienes públicos, pienso que no hay fundamento legal alguno que autorice a hablar, a radice, de un diverso régimen jurídico en relación al ejercicio de las libertades ciudadanas en estos espacios: ambos espacios son públicos en sentido estricto y pleno, con la misma categorización jurídica (bienes de dominio público) y básicamente (sin perjuicio, lógicamente, de las normas específicas de cada tipo*

41 Article 2 § 5. Public money or property - Use for sectarian purposes. No public money or property shall ever be appropriated, applied, donated, or used, directly or indirectly, for the use, benefit, or support of any sect, church, denomination, or system of religion, or for the use, benefit, or support of any priest, preacher, minister, or other religious teacher or dignitary, or sectarian institution as such.

42 *Prescott v. Oklahoma Capitol Preservation Commission*, 2015 OK 54, __ P.3d __ (2015), fecha de consulta 14 septiembre 2015, en http://www.oscn.net/applications/oscn/DeliverDocument.asp?CiteID=476438.

> *de bien público, también de los edificios administrativos, y desde luego de las escuelas) con idénticas peculiaridades jurídicas (...) en contraposición al espacio privado. Todos ellos "dependen" directamente (propiedad, tutela del orden público) de las Administraciones públicas; en todos ellos los derechos de las personas gozan de la garantía estatal. Es más, hasta la Ley 33/2003 los edificios administrativos carecían de disciplina específica; y la que ahora recoge la norma (aplicable solo a la Administración del Estado) se refiere únicamente a su gestión y utilización (...) Cierto que algunas singularidades de los edificios públicos (su carácter cerrado —en todos ellos— o su especial funcionalidad —como la propia de un museo, un aula o una dependencia policial—) pueden justificar restricciones especiales (así, la prohibición de fumar, la obligación de guardar silencio o la de presentarse desataviado de ciertas prendas en reconocimientos policiales). Pero en lo referente a normas genéricas sobre comportamientos y signos religiosos, sean éstos estáticos o personales, no creo que se justifique el establecimiento de criterios distintos para los edificios públicos y para el resto de espacios de ese carácter* (Prieto Álvarez, 2013, p. 18-19).

Un edificio público es un «trozo» más del espacio público. ¿Rigen los mismos criterios que en el espacio abierto? ¿Surgen los mismos problemas que en la vía pública? A mi modo de ver ambos espacios están muy relacionados y, sin embargo, en algunos edificios públicos la función que se realiza condiciona el «hábitat virtual», más próximo en ocasiones a la neutralidad del Estado-estructura que al Estado-comunidad.

La actividad desarrollada en relación con la simbología institucional existente en un edificio admite matizaciones con notables repercusiones jurídicas o, por lo menos, ofertando una posibilidad para reflexionar acerca del significado de la neutralidad estatal.

Un breve paréntesis para hacer referencia a una cuestión marginal y peculiar. En España —al igual que en otros países de nuestro entorno— hay lugares de culto que pertenecen a los poderes públicos, en razón de un doble origen: (i) como resultado de la desamortización, el Estado fue propietario de iglesias, monasterios, etc. respecto de los cuales, posteriormente, cedió el usufructo o la nuda propiedad a la Iglesia católica; o (ii) como resultado de la constitución, por parte también del Estado, de fundaciones o patronatos de índole o finalidad religiosa, ya principal ya accesoria (González-Varas Ibáñez, 2013). Dichos bienes son regidos y administrados por órganos administrativos públicos, tienen un destino religioso y poseen un importante valor histórico y cultural. De la existencia de esos lugares no se infiere necesariamente la mezcla de funciones religiosas y estatales; sencillamente, esos lugares de culto son parte de un patrimonio histórico que debe preservarse, también para respetar la voluntad de quienes los erigieron. Respecto de su futuro, esos inmuebles quedan tal cual bajo la regulación otorgada por la Ley 23/1982, de 16 de junio, del Patrimonio Nacional[43], o bien —en casos específicos— entran en un proceso de enajenación o liquidación[44].

### *5.3.1 Fachadas o elementos externos*

No pocos edificios en los que se realizan funciones propias del Estado tienen en sus portones, fachadas, tejados, cúpulas, pináculos, etc. símbolos religiosos. En todos los casos se trata de edificios con una vinculación religiosa directa o indirecta que con el paso del tiempo, y con procesos desamortizadores por medio, han cambiado de uso. En principio, el Estado no infringe el principio de neutralidad, porque del uso o de la propiedad de un edificio con valor artístico e histórico no se deduce la adopción por parte del Estado de una confesión religiosa oficial o la confusión de las funciones estatales y las religiosas. Lo contrario, evidentemente, conduciría o bien al abandono de las posibilidades de aprovechamiento que proporciona el abundante patrimonio histórico-artístico de un

43 Ley 23/1982, de 16 de junio, reguladora del Patrimonio Nacional, BOE núm. 148, de 22 de junio de 1982.

44 Artículos 3 y 4 del Acuerdo entre el Reino de España y la Santa Sede sobre asuntos de interés común en Tierra Santa y anejo, hecho en Madrid el 21 de diciembre de 1994, BOE núm. 179, de 28 de julio de 1995.

país —con su consiguiente abandono en no pocos casos— o a una perpetua operación de «talibanismo» que mutile o despoje esos inmuebles de sus símbolos religiosos de valor artístico.

Distinta parece la situación en la cual el elemento religioso se añade de forma temporal a un edificio. En concreto, en España con motivo de la visita de Benedicto XVI en el año 2011 se expusieron textos religiosos en las fachadas de organismos públicos y la sede del Ayuntamiento de Madrid sirvió como sacristía de los sacerdotes para la celebración de una Misa. Nos movemos en un terreno de difícil apreciación, dado que no resulta sencillo distinguir en este caso (donde la fijación de texto o el uso de instalaciones es totalmente provisional y temporal) dentro del «genérico deber constitucional de cooperación del Estado con las diversas confesiones religiosas y en especial con la Iglesia católica, (...) un deber general de facilitación de medios, pero no de incentivación de estos» (Carrillo, 2011). Quizá el elemento clave se pueda situar en quién ha desembolsado el dinero para poner esos textos religiosos o para acondicionar el uso de edificios oficiales como sacristía. Es decir, si para el Estado no ha supuesto un coste económico (incentivación) sino sencillamente una puesta a disposición (facilitación), entonces el principio de neutralidad no se vería afectado. Piénsese —situándonos en un escenario totalmente diferente— que en un ámbito tan sensible como la escuela pública norteamericana es compatible con la neutralidad estatal el uso de la escuela en horario no lectivo para actividades de reunión y debate, también religioso[45].

### *5.3.2 Espacios interiores*

Resulta difícil sintetizar todas las facetas que plantea el espacio interior de un edificio público en relación con los símbolos religiosos institucionales.

En primer lugar, el tratamiento de la cuestión depende del tipo de actividad que se desarrolle en dicho espacio. A estos efectos, resulta muy sugerente esta apreciación:

45 Sentencia del Tribunal Supremo norteamericano *Good News Club v. Milford Central School*, 533 U.S. 98 (2001).

> *No es lo mismo (...) la sede de un tribunal o un parlamento que un colegio o un hospital públicos. Los primeros constituyen una expresión material y visible de los poderes del Estado, mientras que los segundos son públicos, digámoslo así, "por accidente", en el sentido de que la enseñanza y la sanidad no son funciones privativas del Estado, y en consecuencia admiten probablemente una mayor flexibilidad por lo que se refiere a la acomodación de símbolos religiosos que responden a la particular historia o sensibilidad de una sociedad* (Navarro-Valls y Martínez-Torrón, 2011, p. 374).

Las actividades que son realizadas de forma exclusiva por el Estado (la defensa, la administración de justicia, la tributación, por poner unos ejemplos) inducirían a confusión respecto de la neutralidad del Estado en caso de que fueran desempeñadas bajo una orientación religiosa o de creencias, cifrada en un símbolo religioso determinante, de forma que se dedujera que su fuente de inspiración y legitimación es de carácter religioso. Un ejemplo entre muchos: el artículo 117 de la Constitución española establece que la justicia emana del pueblo y se administra en nombre del Rey. En un juzgado se pondría en entredicho la neutralidad del Estado en el caso de que determinados símbolos llevaran a concluir lo contrario, es decir, si la sala de vistas no estuviera presidida por el retrato del monarca, o si la bandera de España fuese sustituida por la Jolly Roger de los navíos piratas. Si las sentencias de los tribunales se encabezaran con una fórmula semejante a «en nombre de Dios» podría entenderse conculcada la neutralidad del Estado, aunque también podría estimarse que la inclusión en el ordenamiento jurídico del concepto metalegal de Dios, como realidad distinta de las religiones (teístas o no teístas), garantiza la protección de la persona humana y asegura los fundamentos de la tradición jurídica occidental (Domingo, 2014b). En cualquier caso, esa fórmula de encabezamiento no lesiona necesariamente la justicia y la imparcialidad de los jueces[46]: en caso contrario, la historia de la humanidad sería una sucesión de injusticias permanente e inevitable hasta la llegada del Estado liberal.

Como es sabido, en Austria se admite la presencia del crucifijo en la sala de vistas del tribunal[47]. En Italia, la objeción de un juez al crucifijo en la sala de vistas se resuelve en una doble dirección: por un lado, el respeto a la libertad de conciencia conlleva la adaptación a las objeciones personales presentadas por el juez; por otro lado, la defensa de la neutralidad no requiere la desaparición del símbolo religioso de todas las salas de los juzgados de Italia[48]. La libertad de conciencia individual del abogado también resulta relevante para determinar la presencia de un crucifijo en la sala de vistas, a juicio del Tribunal Constitucional federal alemán[49]. No resulta, sin embargo, determinante la libertad religiosa negativa o la libertad de conciencia del abogado para el Tribunal Constitucional de Perú respecto de la presencia del crucifijo y de la biblia en los juzgados:

> *En efecto, no puede sostenerse que de la presencia de tales símbolos se derive alguna obligación para el recurrente (de adoración o veneración, por ejemplo), cuyo cumplimiento afecte su conciencia y podría dar lugar a que plantee una objeción*

46 La imparcialidad de los tribunales griegos, por la presencia de símbolos religiosos en los tribunales, fue planteada ante el Tribunal Europeo de Derechos Humanos con motivo de las sentencias recaídas en *Dimitras and Others v. Greece*, nos. 42837/06, 3237/07, 3269/07, 35793/07 and 6099/08, 3 June 2010; *Dimitras and Others v. Greece (no. 2)*, nos. 34207/08 and 6365/09, 3 November 2011, y *Dimitras and Others v. Greece (no. 3)*, nos. 44077/09, 15369/10 and 41345/10, 8 January 2013. El Tribunal de Estrasburgo entiende que no debe pronunciarse sobre esta cuestión, ya que presupone el ejercicio de una acción popular (no admitida para las las peticiones individuales del Convenio en su artículo 34) acerca de un hecho del cual los demandantes no demostrarían ser directamente afectados por la medida impugnada.

47 Verfassungsgerichtshof Österreich VfGH 3. 2011, G 287/09.

48 Corte di Cassazione - Sezioni Unite - Sentenza - 14 marzo 2011, n. 5924; Consiglio Superiore della Magistratura - Ordinanza - 23 novembre 2006; Corte Costituzionale - Ordinanza - 24 marzo 2006, n. 127; Tribunale Amministrativo - Sentenza - 22 marzo 2006, n. 94.

49 35 BVerfGE 366 (1973).

*de conciencia, que este Tribunal ya ha tenido oportunidad de defender (cfr. Exp. N.° 0895-2001-AA/TC; en ese caso, este Colegiado ordenó no incluir a un trabajador de confesión Adventista del Séptimo Día en la jornada laboral de los días sábados, ya que obligarlo a trabajar ese día afectaba sus convicciones religiosas, para las que el sábado es un día dedicado al culto). Tal supuesto de coacción, evidentemente objetivo, sí tendría suficiente fundamento como para ser calificado de inconstitucional por lesivo de la libertad religiosa, lo que sin embargo y como reiteramos, no sucede ni se configura por el solo hecho de exhibir o colocar crucifijos siguiendo una tradición arraigada a nuestra historia y a nuestras costumbres.*[50]

Más confuso resulta el contexto que se presenta en el caso argentino del año 2002 sobre «la Virgen de los Tribunales»: en el vestíbulo de entrada del Palacio de los Tribunales un grupo de personas pusieron sucesivamente dos imágenes de la Virgen María en un altar. La iniciativa es discutida en dos instancias, con el resultado final de la preservación del improvisado monumento, manifestación de la devoción popular. El caso, se indicaba antes, resulta confuso por varias razones: no puede afirmarse la centralidad del símbolo o la interferencia directa con el ejercicio de la función estatal de juzgar y hacer ejecutar lo juzgado: las sucesivas imágenes estuvieron en el vestíbulo; no parece que la iniciativa partiera de los propios jueces o de las autoridades judiciales a cargo de edificio; y, por último, la «neutralidad desglosada» se hacía especialmente patente en la medida en que la supresión de la imagen católica se podía interpretar como hostilidad hacia una religión con preeminencia constitucional en la Argentina (Navarro Floria et al., 2014, p. 226–227).

Al margen del pintoresco caso de Roy S. Moore, Presidente del Tribunal Supremo del Estado de Alabama (más conocido como «el juez de los Diez Mandamientos») y su enconada disputa con la justicia federal por el mantenimiento

50 Sentencia del Tribunal Constitucional de Perú de 7 de marzo de 2011, EXP. N.° 06111-2009-PA/TC, N. 45, fecha de consulta 7 agosto 2014, en http://www.tc.gob.pe/jurisprudencia/2011/06111-2009-AA.html.

de un monumento al Decálogo dentro del palacio de justicia (Rubio López, 2006, p. 139–141), la sentencia del Tribunal Supremo de los Estados Unidos McCreary County v. ACLU of Kentucky[51] confirmaría a mi modo de ver el distinto tratamiento que reciben la instalación de símbolos religiosos en espacio abierto (aun cercano a un edificio oficial) respecto de los que se erigen dentro de los edificios: en el primer caso, su ubicación los integra en el paisaje general de la diversidad y de los orígenes históricos del país; en el segundo, comprometen el sentido de la administración de justicia.

Dejamos los espacios interiores de los edificios de administración de justicia para analizar los de los ayuntamientos. Como es conocido, el peso de la historia (y la decisión procedimentalmente correcta de la corporación) resultó determinante para la permanencia del crucifijo en el Salón de plenos del Ayuntamiento de Zaragoza. El Tribunal Superior de Justicia de Aragón señala expresamente:

> *...nos encontramos ante un principio de aconfesionalidad del Estado en el sentido de aconfesionalidad o laicidad positiva partiendo de una declaración de neutralidad en ámbito de la libertad religiosa. Principio que, establecido en Constituciones europeas, no se ha interpretado en el sentido de eliminación de cualquier simbología religiosa en toda clase de centros e instituciones públicas y al margen de las circunstancias históricas y las condiciones particulares concurrentes en cada caso*[52].

El Congreso de los Diputados español también se enfrentó a una situación muy próxima a la simbología religiosa en los espacios internos, aunque no cae estrictamente dentro de esta área, pues estaba en juego un símbolo propiamente dicho, sino una placa conmemorativa. María Maravillas Pidal

---

51 *McCreary County v. ACLU of Kentucky*, 545 U.S. 844 (2005), en contra de la constitucionalidad de una imagen de los Diez Mandamientos que formaba parte de una exposición en el edificio de justicia del Condado de McCreary.

52 Tribunal Superior de Justicia de Aragón, Sentencia 623/2012, de 6 de noviembre de 2012, Roj: STSJ AR 1382/2012 - ECLI:ES:TSJAR:2012:1382.

y Chico de Guzmán, que en la vida religiosa tomó el nombre de Maravillas de Jesús, había nacido en el lugar en el que ahora se encuentran algunas dependencias del Congreso de los Diputados. Por esta razón, se promovió conforme a los procedimientos legales la instalación en el Congreso de una placa conmemorativa. Diversos grupos parlamentarios (Iniciativa Per Catalunya Verds, Esquerra Republicana de Catalunya, Izquierda Unida, Partido Socialista Obrero Español) manifestaron su desacuerdo. La propuesta no siguió adelante. La motivación de esos grupos parlamentarios tiene un componente ideológico innegable, pero también debe tenerse en cuenta que, aunque el objeto de la iniciativa fuera un hecho de carácter histórico, se pretende una instalación ex novo lo cual parece menos aceptable que el reconocimiento, conservación o no remoción de lo que ya estaba ahí previamente. La neutralidad del Estado, entonces, se traduce en la regla nihil innovetur.

La configuración del derecho fundamental de libertad religiosa exige de los poderes públicos facilitar el ejercicio del mismo en determinadas situaciones especiales. Esto conduce a la posibilidad de que en edificios destinados al uso público se encuentren dependencias (capillas y lugares de culto) en las cuales hay símbolos religiosos.

> *La presencia de símbolos religiosos institucionales en aquellas partes de los edificios públicos destinadas al culto privado no es contraria al principio de laicidad. Siempre que nadie se vea obligado a asistir a aquellos espacios y su exhibición sólo se produzca ante aquellas personas que elijan libremente utilizar ese servicio* (Amérigo y Pelayo, 2013, p. 57).

### *5.3.3 Un caso particular: las escuelas estatales*

Entre los edificios públicos tiene particular interés la escuela estatal. Las escuelas:

> *...no son espacios públicos como los demás, pues están al servicio de su especial funcionalidad educativa, y sus usuarios*

> *son fundamentalmente los menores y sus padres. Aquí, la responsabilidad de los poderes públicos tiene una doble vertiente que exige, en ocasiones, difíciles equilibrios: por una parte, evitar un adoctrinamiento que menoscabe la neutralidad ideológica de la escuela; y por otra, velar por que sean los padres quienes aporten un tenor al espacio educativo acorde con sus convicciones... sin que se caiga en comportamientos adoctrinadores, reitero. Ésta es la "ley especial" del espacio educativo escolar* (Prieto Álvarez, 2013, p. 20).

A este respecto, como se ha hecho notar, en los colegios públicos construidos en los últimos años no hay o no suele haber crucifijos: nadie se molesta por ello. Sin embargo, en los más antiguos siguen existiendo y, curiosamente, se pide que permanezcan.

La presencia del crucifijo en la escuela estatal puede obedecer a uno de estas motivaciones o propósitos:

> *La presencia como elemento meramente cultural o artístico, la presencia como instrumento para hacer posible el ejercicio del derecho de libertad religiosa (...) y la presencia como símbolo que preside la actividad desarrollada en el centro o establecimiento público del que se trata* (Llamazares Calzadilla, 1998, p. 569).

Sobre los crucifijos en las aulas de los colegios del Estado, el antecedente europeo más remarcable vino representado por la sentencia del Tribunal Constitucional alemán sobre los crucifijos en Baviera (Pardo Prieto, 2012, p. 31–38; Cañamares Arribas, 2005, p. 99–102). El caso fue el siguiente: la normativa escolar bávara prevé que en las aulas de educación primaria se coloque una cruz. Unos padres solicitan la retirada de un crucifijo grande situado junto al encerado. Las autoridades escolares no acogen la petición de esos padres quienes, tras varias instancias judiciales, plantean la cuestión ante el Tribunal Constitucional. Éste falla a favor de los recurrentes. La sentencia entiende que el particular contexto en el que se sitúa el símbolo (es inevitable para los alumnos, no es un encuentro pasajero en la vía pública, etc.) compromete la libertad religiosa de escolares y de padres contrarios al símbolo; simultáneamente, la libertad religiosa positiva de los padres y alumnos de fe cristiana, o la decisión mayoritaria, no justificaría la permanencia de la cruz, dado que el derecho fundamental de libertad religiosa tiene como objetivo especial la protección de las minorías.

La sentencia alemana estuvo seguida de un movimiento legislativo dirigido a conjugar de modo flexible la presencia del símbolo religioso con la libertad de conciencia de la comunidad escolar (Robbers, 2010, p. 637–638). En España, esa flexibilización de criterios opta por el principio ad casum del respeto a las minorías, como se pone de manifiesto en la Sentencia del Tribunal Superior de Justicia de Castilla y León de 14 de diciembre de 2009:

> *(...) Resulta palmario que en aquellos casos en los que no existe petición de retirada de símbolos religiosos, el conflicto no existe y la vulneración de derechos fundamentales tampoco (...) sólo en aquellos supuestos en los que medie petición expresa se puede entender existente el conflicto y deberá ceder el derecho de la mayoría, canalizado a través de la decisión escolar de mantenimiento de símbolos religiosos, o deberá ceder el simple hecho de la existencia del símbolo religioso, en beneficio de los derechos del solicitante. El derecho a la libertad de conciencia y religiosa en su vertiente negativa merece una protección especial, y si el Centro Educativo por medio de la decisión de su Consejo Escolar expresa una decision o una simple voluntad que entraña perturbación o un sacrificio desproporcionado a quienes no comparten el símbolo, existe un conflicto y procede la retirada del símbolo.*[53]

En 2011, el Tribunal Constitucional austriaco confirmó la compatibilidad del crucifijo en las aulas de un Kindergarten

53 Sentencia del Tribunal Superior de Castilla y León 3250/2009, de 14 de diciembre, Fundamento Jurídico 7, Roj: STSJ CL 6638/2009 - ECLI:ES:TSJ-CL:2009:6638.

con el Convenio Europeo de Derechos Humanos[54]; el Tribunal estimó que la interpretación del símbolo no es única y que no se veía conculcada la libertad de los padres y de los alumnos para tener o no tener unas creencias, o para rechazar un símbolo religioso (Trofaier-Leskovar, 2011). Este perfil de sentencias difiere por completo del establecido por la jurisprudencia del Tribunal Supremo de los Estados Unidos respecto de la presencia de prácticas y símbolos religiosos en la escuela pública; más en concreto, la sentencia *Stone v. Graham*[55] estableció la inconstitucionalidad de una ley del estado de Kentucky que exigía colocar una copia de los diez mandamientos (copia adquirida con fondos particulares) en las paredes de todas las aulas de las escuelas públicas, copia en la cual aparece en letra pequeña esta advertencia: «La aplicación secular de los Diez Mandamientos es la adopción del código jurídico fundamental de la civilización occidental y del derecho común de los Estados Unidos de América». ¿Por qué esta sentencia se distancia de la orientación adoptada por el mismo Tribunal Supremo en otras decisiones relativas a los símbolos religiosos institucionales (piénsese en casos tales como *Van Orden* y *Salazar*)? Parte de la explicación de esas diferencias puede tener su raíz en una cronología que ha ido suavizando la rigidez del separatismo, pero me parece que ante todo lo que determina el contenido de la sentencia Stone es el contexto escolar, en cuyo ámbito el Tribunal Supremo se ha mostrado particularmente inflexible respecto de cualquier apoyo oficial a una religión institucional.

No obstante, a nivel internacional todo el protagonismo del tema fue acaparado por el caso *Lautsi*, ante el Tribunal de Estrasburgo. Los recurrentes eran la señora Soile Lautsi, de origen finlandés, y sus dos hijos, Dataico y Sami Albertin, todos residentes en Italia. Durante el año escolar 2001-2001,

54 Verfassungsgerichtshof G 287/09-25, 9 März 2011, fecha de consulta 11 agosto 2014, en http://www.vfgh.gv.at/cms/vfgh-site/attachments/6/6/9/CH0006/CMS1302164642137/niederoesterreichisches_kindergartengesetz_g287-09.pdf.

55 *Stone v. Graham*, 449 U.S. 39 (1980).

Dataico y Sami Albertin estuvieron escolarizados en un colegio estatal en el que las aulas estaban provistas de crucifijos, que se mantienen en virtud de una regulación que data de los años 1924 y 1928. Los padres de los dos niños plantean al colegio la cuestión de la exhibición del símbolo religioso; el colegio decide mantener los crucifijos y es entonces cuando la señora Lautsi acude a los tribunales italianos, sosteniendo la incompatibilidad del símbolo con el principio de laicidad estatal. Todos los tribunales rechazaron la pretensión. Agotados estos recursos internos, la señora Lautsi se dirige al Tribunal Europeo de Derechos Humanos, alegando que Italia incumplía los artículos 9 (libertad de pensamiento, conciencia y religión), 14 (prohibición de discriminación) del Convenio Europeo de Derechos Humanos y 2 del Primer Procolo Adicional (derecho a la educación, derecho de los padres a la educación conforme a sus convicciones religiosas y filosóficas) a dicho Convenio. La sentencia de la Sala Segunda del Tribunal de Estrasburgo (3 de noviembre de 2009), que se viene designando aquí como Lautsi I, sostuvo por unanimidad que Italia había infringido los derechos reconocidos en el Convenio, elevando la neutralidad educativa del Estado a principio exigido por la libertad religiosa negativa de los ciudadanos y aplicable también al contexto físico de los colegios de titularidad estatal. Tras esta primera sentencia, Italia solicitó la remisión del asunto a la Gran Sala del Tribunal Europeo de Derechos Humanos, que celebró audiencia el 20 de julio de 2010 en medio de una gran expectación. La Gran Sala, en una decisión de 15 votos contra 2 (Lautsi II), falla que no hay violación del Convenio; aunque el crucifijo sea ante todo un símbolo religioso, no hay claros indicidios de que la exposición de los alumnos ante el símbolo en las paredes de las aulas ejerza influencia en los alumnos que se traduzca en una forma de adoctrinamiento; la «percepción subjetiva» de la recurrente no es suficiente para establecer la infracción del Convenio. Por lo demás, entiende el Tribunal que la presencia del crucifijo en las aulas de los colegios públicos es, en principio, una materia que cae dentro del llamado «margen de apreciación nacional» de cada país, especialmente valorable allí donde no hay consenso o unanimidad en toda Europa. Naturalmente, esta segunda decisión de la Gran Sala fue la definitiva en el caso.

Si la interpretación en sede judicial del significado de un crucifijo en un aula no es unívoca (basta contraponer Lautsi I y Lautsi II para comprobarlo) tampoco lo fue en la doctrina ni en la sociedad italiana y en la europea. Nos encontramos con un supuesto que ha atraído con intensidad inusitada el interés del público, de los políticos y de los juristas, con una enorme producción científica académica cuyo análisis exhaustivo merece un estudio específico y distinto del que aquí se acomete. No obstante, dejemos constancia aquí de algunos datos relevantes acerca de ese amplio e intenso debate. Así, tanto para Cardia (2012) como para Bettetini (2011) el crucifijo plantea un mensaje secular de apertura, diversidad, pluralidad, construcción de una sociedad más humana y justa; para Puppinck la sentencia de la Gran Sala se ajusta a la función específica del Tribunal de Estrasburgo, ajena a una alocada empresa de activismo judicial (Puppinck, 2012, p. 925), y para Martínez-Torrón el resultado final deja claro el sentido de la neutralidad ideológica y religiosa a nivel europeo y el amplio arco de soluciones que pueden adoptarse (todas ellas legítimas) en cada Estado del Consejo de Europa (Martínez-Torrón, 2014, p. 122). Por el contrario, para Gedricks y Annicchino estamos ante una arbitraria reinterpretación del símbolo religioso por parte del Tribunal Europeo de Derechos Humanos (Gedicks y Annicchino, 2013, p. 20–22), para Polo Sabau se producen graves errores técnicos en el razonamiento del tribunal (i.e. inversión de la carga de la prueba, que recae en la titular del derecho fundamental lesionado (Polo Sabau, 2012, p. 288) y para Temperman se ha producido nada menos que un enterramiento de los derechos fundamentales de los menores de edad (Temperman, 2011). Opiniones intermedias estiman que la primera de las sentencias pecó «por exceso», pero la segunda lo hizo «por defecto», llevando la solución a un plano equivocado, es decir, atender a la percepción de las personas implicadas y no al principio jurídico que debe presidir la actuación estatal en materia educativa (Rey Martínez, 2012, p. 31). No faltan quienes defienden que Lautsi II representa una mala teoría y una buena práctica (de Been, 2011, p. 235), una orientación de equilibrio y de prudencia que salvaguarda las particularidades nacionales compatibles con el Convenio europeo de derechos humanos (Patruno, 2012), o un elemento corrector que recortó los potenciales efectos que se seguirían de una comprensión parcial de la neutralidad, permitiendo a los estados europeos configurar sus relaciones con la religión con un cierto margen de libertad (Pin, 2011, p. 141).

Algunas opiniones doctrinales atribuyen en exclusiva la exhibición del crucifijo a la Italia mussoliniana, a una normativa carente de legitimidad democrática, de la que fácilmente se podría apreciar la inconstitucionalidad sobrevenida (Barrero Ortega, 2012, p. 394). Otras opiniones han denunciado el carácter tornadizo de quienes criticaron al Tribunal de Estrasburgo en la primera decisión para cambiar de parecer en la segunda (Martín-Retortillo Baquer, 2012, p. 67) cuando, visto el cuadro al completo, la reacción contraria también fue, por lo menos, de la misma intensidad. Para otros sectores doctrinales, en fin, el contexto de la polémica y de su resultado se ve de forma más completa si se entiende que el catolicismo ha podido devenir en Italia en una forma de religión civil, es decir, un vínculo de cohesión de la ciudadanía (Ferrari, 2011, p. 799–801), de una manera paralela (sólo formalmente) al espíritu laico en Francia.

De igual manera, si la influencia de determinados grupos de presión (la alianza de cristianos conservadores para el logro de Lautsi II) resulta destacable (o incluso decisiva, en opinión de la doctrina (Annicchino, 2011), no lo es menos la alianza humanista de corte laico para el logro de resultados que potencian el contenido de la libertad religiosa negativa[56]. La sentencia Lautsi I, por el hecho de no intervenir

56 Ver la sentencia del Tribunal Europeo de Derecho Humanos en el caso *Dimitras and Others v. Greece*, nos. 42837/06, 3237/07, 3269/07, 35793/07 and 6099/08, 3 June 2010, sobre testigos en juicio obligados a manifestar sus creencias religiosas. Los testigos eran miembros de la Federación Internacional Helsinki que se

determinados grupos de presión de la derecha cristiana, no dejaba por eso de ser un exponente de la strategic litigation (Puppinck, 2012, p. 876). En definitiva: continúa la polémica doctrinal en curso.

Tras la decisión en el caso *Lautsi*, el legislativo italiano se debate entre propuestas dirigidas, bien a consolidar la presencia del símbolo religioso en las aulas, bien a consagrar un procedimiento semejante al establecido en Baviera y en la sentencia del Tribunal Superior de Justicia de Castilla y León para decidir, a nivel local, la permanencia o la retirada de los crucifijos (La Camera, 2012, p. 229–232).

En la medida en que el fallo Lautsi II entiende que la presencia del símbolo en el colegio es tan compatible con el Convenio como su ausencia, las posturas doctrinales —y la eventual legislación específica sobre el tema— siguen plenamente vigentes en su estimación acerca de lo que resultaría más adecuado al contexto en que cada país se encuentra. En este orden, y concretamente en España, Aláez estima que la neutralidad religiosa se extiende a todos los centros educativos sostenidos con fondos públicos, con independencia de su titularidad, de forma que no puede haber de ningún modo símbolos religiosos en las aulas (también de los centros de iniciativa social concertados), salvo cuando se desarrolle específicamente la clase de religión (Aláez Corral, 2003, p. 105–112). Por su parte, Llamazares Calzadilla restringe la prohibición del crucifijo exclusivamente a los centros educativos de titularidad estatal (Llamazares Calzadilla, 1998, p. 569). Por último, otros autores han preferido estudiar con realismo las opciones prácticas que el nuevo escenario Lautsi II ofrece, proponiendo una solución más flexible respecto de los símbolos religiosos que están en las aulas desde tiempo atrás (Amérigo y Pelayo, 2013, p. 64). No son pocos, en fin, los que proponen una solución basada no tanto en la proscripción de los símbolos religiosos en la escuela de titularidad

personó como tercero interesado a través de una de sus filiales (*Greek Helsinki Monitor*) en el caso Lautsi II en contra de los crucifijos en las escuelas italianas.

pública, impuesta desde la legislación, cuanto en el debate y en el acuerdo, atendiendo a las circunstancias específicas (demográficas, físicas, etc.) de cada centro educativo (Martínez-Torrón, 2014, p. 135; Puppinck, 2012, p. 873; Cortese, 2011, p. 230; Zucca, 2010, p. 4–5), la fijación de una pauta a partir del principio democrático de la mayoría (Areces Piñol, 2011, p. 15–16), o del acuerdo adoptado por los órganos de gobierno de la institución de que se trate (Prieto Álvarez, 2010, p. 178). En definitiva: no recurrir a una legislación universal y omnicomprensiva.

Por lo demás, no dejará de sorprender a quien se aproxime por primera vez a la polémica jurídica sobre la presencia del crucifijo en las aulas de los colegios que tanto los tribunales[57] como la doctrina académica afirmen sin género alguno de dudas la vulnerabilidad (La Torre y Llamazares, 2012, p. 39), influenciabilidad (Llamazares Calzadilla, 1998, p. 571) o receptibilidad (Borowski, 2012, p. 29) del alumnado frente a un símbolo religioso institucional, del que no se puede «escapar», que siempre está a la vista esas personas particularmente débiles (Arlettaz, 2013, p. 157–158; Witte y Arold, 2011, p. 9). Sin embargo, se echa en falta en esas afirmaciones alguna referencia a estudios de psicología evolutiva que, en concreto, permitan una apreciación más exacta del grado de influencia ejercida por la simbología institucional, con el fin de confirmar las conclusiones intuitivas alcanzadas. Conclusiones que, a su vez, deben integrarse con la valoración de las «condiciones de madurez» del menor que inciden en el ejercicio de sus derechos fundamentales, sin reducir a los alumnos a una paternalista y genérica minoría de edad a los efectos de la exposición a los símbolos institucionales, olvidando —al mismo tiempo— esa influenciabilidad o sen-

57 Por todas, *Dahlab v. Switzerland* (dec.), no. 42393/98, ECHR 2001-V; «What could be encouraging for some religious pupils, might be emotionally disturbing for pupils belonging to other religions or those professing no religion» *Lautsi v. Italy*, no. 30814/06, §55, 3 November 2009; Juzgado de lo Contencioso-Administrativo nº 2 de Valladolid, Sentencia 288/2008, de 14 de noviembre, Fundamento jurídico 4, Roj: SJCA 388/2008 - ECLI:ES:JCA:2008:388.

sibilidad cuando se trata de la transmisión de determinados conocimientos o docencia de algunas asignaturas objetables (y de hecho objetadas)[58].

## 5.4 Edificios privados en los que se ejercitan funciones públicas

En supuestos puntuales, algunas funciones públicas se desarrollan en edificios de titularidad privada, de tal manera que la «actividad» puede influir en la «localización». Así sucede en los procesos electorales (elecciones generales, autonómicas, municipales, europeas...), que requieren para su desarrollo el empleo de centros de enseñanza en los que se exhiben símbolos religiosos institucionales o incluso el empleo de lugares de culto.

En Italia, la Corte de Casación afirma que es motivo justificado para no desempeñar los cargos electorales la libertad de conciencia, en su modalidad de adhesión al principio supremo de laicidad, frente a la exposición de símbolos religiosos institucionales[59]. Por el contrario, otros tribunales italianos no han acogido las reclamaciones de retirada de símbolos religiosos de los espacios en los que se desarrollan las votaciones[60]. En España, la Junta Electoral Central desestimó un recurso en el que se solicitaba la retirada de todos los símbolos religiosos de los locales que utilicen los colegios electorales, por cuanto la Junta tenía

> *...reiteradamente acordado que los colegios que se utilicen como Colegios Electorales no tienen obligación de hacer des-*

58 *Kjeldsen, Busk Madsen and Pedersen v. Denmark*, 7 December 1976, Series A no. 23; *Jiménez Alonso and Jiménez Merino v. Spain* (dec.), no. 51188/99, ECHR 2000-VI.

59 Corte di Cassazione. Sezione IV Penale. Sentenza 1 marzo 2000, n. 4273.

60 Tribunale Civile dell'Aquila. Ordinanza 31 marzo 2005; Tribunale di Napoli, X Sezione Civile Ordinanza ex Artt. 669 bis e 700 c.p.c.; Tribunale Civile di Bologna, Prima Sezione Civile, Ordinanza 24 marzo 2005; Tribunale Amministrativo Regionale per il Veneto, Terza Sezione. Sentenza 17 marzo 2005, n. 1110.

*aparecer u ocultar los elementos que habitualmente se encuentran en dichos colegios y que no sean deliberadamente colocados el mismo día de la votación con el fin de realizar campaña electoral*[61].

## 5.5 Logos, emblemas, objetos muebles

Distinta situación, aunque relacionada con el tema que nos ocupa, es la presencia de elementos religiosos en los símbolos de identidad del Estado. La historia de España está especialmente vinculada al cristianismo; los símbolos políticos (banderas, escudos, etc.) son testigos de dicha vinculación (Bonet Navarro, 2014). Es también frecuente que las instituciones públicas empleen símbolos religiosos: así sucedía en el caso de la Universidad de Valencia. En su sentencia sobre este caso, el Tribunal Constitucional estimó que la permanencia de una imagen religiosa en el escudo de esa universidad no desmerece de la neutralidad del Estado, si bien para el caso concreto rige el principio de respeto al criterio democrático de la mayoría, conforme al cual se produjo la supresión de esa imagen.

> *[L]a decisión de mantener o no el símbolo religioso es voluntaria y su sustitución no responde estrictamente a criterios de quebrantamiento de la laicidad. La significación histórica, cultural e integradora del símbolo prima sobre las connotaciones religiosas y será la comunidad de individuos que integran a la institución representada por ese "símbolo político", donde se incluyen elementos religiosos, quienes deben decidir si ha dejado de cumplir con esa función representativa de la historia, cultura y tradición de la comunidad* (Amérigo y Pelayo, 2013, p. 59).

61 Junta Electoral Central, Acuerdo 9 de junio de 2004, Núm. Expediente 203/50, fecha de consulta 11 agosto 2014, en http://www.juntaelectoralcentral.es/portal/page/portal/JuntaElectoralCentral/JuntaElectoralCentral/DocJEC?_piref53_1181251_53_1181246_1181246.next_page=/jec/detalleDoctrina&idDoctrina=20402.

Llama, en todo caso, la atención la supresión de un símbolo de raigambre histórica, cuando precisamente los símbolos son elementos instrumentales de preservación de la tradición, particularmente venerada en el ámbito académico como expresión de la solera, prestigio o permanencia ante lo efímero y lo cambiante. Sin embargo, determinados colectivos pretenden «aligerar» el peso de la tradición o de la historia cuando parte de su contenido tiene una expresión religiosa: así ha sucedido en un pequeño condado de Pennsylvania cuyo sello contiene imágenes evocadoras del valle (un granero, tierras de cultivo, chimeneas y un silo), e incluye igualmente una cruz latina en el centro; nadie se había molestado por ello hasta que en 2015 Freedom from Religion Foundation solicitó la desaparición de la cruz por entender que es inconstitucional (Lester, 2015). Se trata del típico supuesto que ratifica la tesis de que en los Estados Unidos de América hay una verdadera guerra cultural que afecta también a los elementos visuales del espacio público. Como ya se indicaba anteriormente, los símbolos religiosos institucionales más antiguos se «comportan mejor» desde el punto de vista de la revisión constitucional que los de nueva erección o factura: quizá por ello el tribunal federal declaró inconstitucional la inclusión de la cruz rematando el edificio de la misión San Gabriel en el rediseño del sello del Condado de Los Ángeles, en California (Sewell, 2016).

En línea con este mismo criterio adoptado en Valencia (i.e. la supresión o permanencia de determinados elementos identitarios religiosos depende de una decisión legalmente adoptada conforme al procedimiento formal adecuado) se sitúan el patronazgo religioso en el Colegio de Abogados de Sevilla[62]

62 «La posibilidad de que la corporación asuma signos de identidad que, desprovistos de una significación religiosa incompatible con el art. 16 CE, fueran en su origen propios de una u otra confesión o de ninguna, es algo que sólo a la corporación corresponde decidir democráticamente (art. 36 CE), considerando cuáles son las señas de identidad que de forma más oportuna o conveniente cumplen la función integradora o representativa buscada, o lisa y llanamente, satisface o responde mejor a las sensibilidades y preferencias de diversa índole de quienes con su voto mayoritario contribuyan a la aprobación de los elementos representativos de la institución». Tribunal Constitucional, Sentencia 34/2011, de 28 de marzo (BOE núm. 101, 28 de abril de 2011), Fundamento jurídico 6.

o del Ayuntamiento de Lucena (Córdoba)[63]. Lo cual hace sospechar que es precisamente ese nivel decisional (cada corporación, cada institución, etc.) el que resulta más adecuado, siempre que no se produzca una lesión directa de la libertad religiosa de los ciudadanos.

Cabe también referirse aquí a los objetos que el Estado imprime, expide o acuña, tales como sellos postales, billetes o monedas metálicas. Como en otros puntos ya tratados, la cuestión consiste en determinar cómo el deber de neutralidad ideológica y religiosa del Estado debe reflejarse en este tipo de objetos. En el ámbito angloamericano, es casi un tópico referirse al lema In God We Trust en el billete de 20 dólares o en la moneda de cuarto de dólar. En septiembre de 2013 se resolvía precisamente un litigio ante el Tribunal federal de Distrito de Nueva York acerca de la validez de ese lema[64]. No corresponde aquí ocuparnos en profundidad de la religión civil americana o el deísmo ceremonial (Cañamares Arribas, 2013). Lo cierto es que se trata de un tema recurrente en los Estados Unidos de América. Otro ejemplo muy cercano, también en el tiempo, versa sobre la moneda metálica: en Eslovaquia, con el fin de conmemorar el 1150 aniversario de la llegada de los tesalonicenses Cirilo y Metodio —evangelizadores de los pueblos eslavos y a quienes se atribuye la invención del alfabeto glagolítico— el Banco Nacional decide acuñar una moneda de 2 euros en cuyo anverso (de libre disposición nacional) aparecerían los dos santos con la cruz de dos travesaños sobre una montaña de tres cimas (símbolo nacional eslovaco). Presentado el modelo en Bruselas para su aprobación, la Comisión y algunos Estados miembros objetaron que las monedas no pueden llevar símbolos religiosos: se referían a las aureolas de los dos santos y a las cruces en la estola de San Metodio.

63 Tribunal Superior de Justicia de Andalucía (Sede de Sevilla), Sentencia de 13 de marzo de 2003, Roj: STSJ AND 4092/2003 - ECLI:ES:TSJAND:2003:4092. Parcialmente conectada, Tribunal Superior de Justicia de Andalucía (Sede de Málaga), Sentencia 3307/2003, de 17 de noviembre de 2003, Roj: STSJ AND 14845/2003 - ECLI:ES:TSJAND:2003:14845.

64 *Newdow v. U.S.*, 2013 WL 4804165, S.D.N.Y.,2013. September 09, 2013.

Eslovaquia procedió a adaptar el diseño, si bien esta decisión no resultó de agrado de los ciudadanos eslovacos; la Comisión cambió de parecer y se aprobó el diseño original con aureolas y cruces (Aceprensa Redacción, 2013).

Hay situaciones en las que no es el Estado quien utiliza o promueve el símbolo religioso institucional, sino que ese símbolo se emplea en una actividad respecto de la cual el poder político ejerce un control con el fin de evitar que se produzca, precisamente en razón del uso del símbolo, una desnaturalización de la actividad o una ventaja indebida. En concreto, tiene sentido preguntarse si los partidos políticos pueden emplear símbolos religiosos como elemento identificativo. La Democrazia Cristiana italiana empleó la cruz latina roja sobre fondo blanco en su escudo, lo cual no resulta incoherente si se tiene en cuenta la inspiración con la que fue creado ese partido político. No parece que indujera a confusión respecto de los fines y era congruente con el contexto político de la Italia democrática posterior a la Segunda Guerra Mundial. Pero los contextos resultan diversos, cambiantes, de forma que en otras áreas geográficas el símbolo religioso institucional, asociado a una formación política, plantea problemas allí donde por motivos históricos se produce una interdicción de la mezcla de lo político y lo religioso. Es el caso de México, donde se prohíbe en los procesos electorales cualquier actividad de índole religiosa, el sufragio pasivo de los ministros de culto religioso y la intervención de los mismos para hacer proselitismo o propaganda política (a menos que dichos ministros se separen de su ministerio en los términos y condiciones que fijen las leyes).

Dos ejemplos acerca de posible implicación de la simbología religiosa en los procesos electorales mexicanos. En 2011 el Partido Revolucionario Institucional (PRI) impugnó unos resultados electorales en Michoacán porque en el cierre de campaña de los Partidos Acción Nacional (PAN) y Nueva Alianza (unidos en la Coalición «¡Por ti, por Michoacán!») actuaron danzantes (tlahualiles) con penachos de imágenes religiosas como la Virgen de la Esperanza y San José que, según parece, no forman parte de su vestuario tradicional, lo cual podía interpretarse como un acto abiertamente proselitista. Sin embargo, el Tribunal Electoral del Poder Judicial de la Federación, que conoce del pleito en recurso[65], estima que la intervención de los danzantes (no obstante su origen histórico) obedece a razones de tradición popular, donde se mezcla lo religioso y lo profano, y donde lo decisivo hubiera sido que los atuendos típicos se hubieran entremezclado para la ocasión con los emblemas de los partidos políticos, cosa que no sucedió. Cuatro años antes fue precisamente el PAN quien recurrió contra el PRI pues un candidato local aparecía fotografiado delante de la fachada de un edificio religioso; los motivos legales aducidos no fueron apreciados[66]. La cuestión presentará en el futuro importantes desafíos, si se tiene en cuenta que un partido político mexicano (Partido Encuentro Social), vinculado a movimientos evangélicos, ha empleado un símbolo paleocristiano (ictios) como emblema distintivo (Martínez García, 2015).

Colateralmente, cabría preguntarse acerca de la actitud del Estado ante el intento de apropiación particular de un símbolo religioso, por medio de un registro de marca o similar. El supuesto se planteó en Colombia, cuando la Sociedad Salesiana Inspectora de Bogotá pretendió el registro de «Divino Niño» (una popular imagen religiosa católica) como marca mixta para productos de imprenta, publicidad, etc. La Superintendencia de Industria y Comercio de Colombia, a través de varias resoluciones, negó el registro. El Consejo de Estado, en su sentencia de 12 de abril de 2012, confirma las resoluciones administrativas, señalando que «Divino Niño» carece de carácter distintivo[67] y que se trata de un «artículo sagrado» para

65 Tribunal Electoral del Poder Judicial de la Federación, Juicio de Revisión constitucional, Expediente ST-JRC-123/2011, 7 de enero de 2012.

66 Tribunal Electoral del Poder Judicial de la Federación, Juicio de Revisión constitucional, Expediente SUP-JRC-604/2007, 23 de diciembre de 2007.

67 Coincide así con la legislación española en la materia, atendiendo al artículo 5.1.b) de la Ley 17/2001, de 7 de diciembre, de Marcas, BOE núm. 294, de 8 de diciembre de 2001.

todos los feligreses católicos y de propiedad de éstos, por lo que su denominación y figura son inapropiables por un solo empresario[68].

68 Sentencia del 12 de abril de 2012. Exp. 11001-03-24-000-2008-00191-00, Consejero Ponente Marco Antonio Velilla, fecha de consulta 23 septiembre 2015, en http://190.24.134.67/documentos/boletines/102/S1/11001-03-24-000-2008-00191-00.pdf.

# 6. PERSONAS E INSTITUCIONES

En esta sección cambiamos la perspectiva de análisis. Ahora el foco de atención no es el Estado frente a los ciudadanos como espectadores, sino el ciudadano visto por el Estado, por los demás ciudadanos o por una organización empresarial. De nuevo, importa resaltar el contexto o situación, aportando algunas consideraciones específicas que condicionan la reflexión jurídica y reseñando los supuestos con los que se ha enfrentado el derecho. Como se ha subrayado acertadamente, el punto central del estudio de la simbología religiosa desde la perspectiva de las personas se sitúa en definir para cada caso los límites del ejercicio del derecho fundamental de libertad religiosa, es decir, el respeto a los derechos y libertades de los demás, así como la salvaguardia de la seguridad, la salud y la moralidad públicas, dilucidando igualmente si bajo el concepto de orden público puede considerarse incluida la protección de los principios básicos de organización del Estado democrático (Cañamares Arribas, 2006, p. 320). Igualmente, para los supuestos de simbología personal en la empresa, conviene tener en cuenta el eventual conflicto de derechos (libertad religiosa, por un lado, y auto-organización empresarial, por otro).

## 6.1 Personas comunes en la vía pública

El uso de la vía pública para fines individuales o sociales «privados» es perfectamente legítimo, como pone de manifiesto el mismo contenido de los derechos fundamentales de reunión y manifestación (Castro Jover, 2013, p. 16–20). Aquí el uso de lo público (naturalmente también para fines religiosos, como una procesión o un acto de culto) no pone en tela de juicio la neutralidad del Estado ni hace peligrar una democracia aconfesional: por el contrario, refuerza su sentido o función.

> *[E]l espacio público constituye un ámbito abierto a toda persona en el que los particulares ejercen principalmente la facultad deambulatoria y sobre el que se proyecta la dimensión externa de la libertad religiosa mediante manifestaciones o eventos de carácter religioso. Se trata por tanto de un espacio abierto al pluralismo y la tolerancia en el que no pueden esgrimirse principios como el de laicidad o neutralidad de órganos del Estado o sus agentes. La invocación de estos principios abocaría a una 'laicización' de los particulares que transitan por la vía pública, que se verían privados de exteriorizar sus creencias o su religión y de obrar en coherencia con las mismas, lo cual no es otra cosa que una prohibición del derecho de libertad religiosa* (Aláez Corral y Ruiz Ruiz, 2014, p. 160–161)

No obstante lo anterior, desde una perspectiva comparada la neutralización del espacio público frente a los ciudadanos podría llegar a constituir un objetivo estatal preponderante, como se pondrá de manifiesto a continuación. A este respecto, podría decirse que la simbología religiosa personal en la vía pública se mueve entre dos polos de atracción jurídica —uno permisivo, el otro restrictivo— representados por dos sentencias del Tribunal Europeo de Derechos Humanos.

La primera de ellas decidió el caso *Ahmet Arslan c. Turquía*[69]. Los recurrentes ante el Tribunal Europeo de Derechos

69 *Ahmet Arslan and Others v. Turkey*, no. 41135/98, 23 February 2010, sobre la sanción a miembros del grupo musulmán Aczimendi Tarikati por el uso de vestuario

Humanos fueron 127 miembros de un grupo religioso musulmán conocido como Aczimendi Tarikatÿ, que el 20 de octubre de 1996 acudieron a Ankara para reunirse y participar en una ceremonia religiosa organizada en la Mezquita de Kocatepe. Transitaron por las calles ataviados con la indumentaria característica de su grupo: un turbante, un *serwal* (pantalones bombachos) y una túnica de color negro, y un bastón. Como resultado de algunos incidentes ocurridos ese mismo día (no parece posible determinar si causados por los recurrentes o no), fueron arrestados y puestos bajo detención provisional. El 20 de octubre de 1996, se dictó contra ellos auto de prisión provisional. Se les condenó por infracción de unas leyes turcas relativas al uso del sombrero y al uso de atuendos religiosos en lugares públicos abiertos a todos, como las vías o plazas públicas, fuera de las ceremonias religiosas. Agotados los recursos judiciales internos en Turquía, se dirigieron al Tribunal Europeo de Derechos Humanos, que dictamina que se ha infringido la libertad religiosa de los miembros de este grupo religioso. En esta sentencia hay al menos dos cuestiones relevantes. La primera: los demandantes eran simples ciudadanos, no funcionarios o personas sometidas a una situación de especial sujeción (elemento subjetivo), y se encontraban precisamente en la calle, no dentro de un edificio público (elemento objetivo). La segunda cuestión relevante, relacionada con la anterior, consistió en que el Tribunal Europeo de Derechos Humanos estimó que la neutralidad del Estado prevalece sobre el derecho a manifestar la propia religión sólo en los casos en los que las personas o los espacios tengan una connotación pública (Madera y Marchei, 2012, p. 134–135).

La segunda de las sentencias —que representa el «otro extremo» o polo de atracción— enfrentaba al Tribunal Europeo de Derechos Humanos con el difícil asunto de la Ley francesa de prohibición de ocultamiento del rostro en el espacio público[70]. Conforme a lo previsto en dicha ley, vestir el burqa

religioso en la vía pública.

70 LOI n° 2010-1192 du 11 octobre 2010 interdisant la dissimulation du visage

en la vía pública está sancionado con multa de hasta 150 € y/o un curso obligatorio que tiene por objeto recordar al condenado los valores republicanos de tolerancia y respeto a la dignidad de la persona humana y hacerle tomar conciencia de su responsabilidad penal y civil, así como de los deberes que implica la vida en sociedad promoviendo su integración social. Recordemos igualmente que, aun existiendo en Europa un clima de debate en torno al burqa y el niqab, el soft-law (instrumentos jurídicos internacionales no vinculantes) a nivel regional desaconsejaba el recurso a normas jurídicas de prohibición incondicionada de esas prendas[71]. En la sentencia S.A.S. c. Francia[72], la demandante (musulmana francesa) alegaba que la prohibición legal de llevar en los espacios públicos un velo con el fin de ocultar el rostro infringe los artículos 3, 8, 9, 10, y 11 del Convenio. La Gran Sala del Tribunal Europeo de Derechos Humanos entiende compatible con el Convenio las sanciones impuestas por el ocultamiento del rostro. La distinción de este supuesto respecto del presentado ante el Tribunal Europeo de Derechos Humanos en el caso *Arslan* radica en que en el caso francés hay un ocultamiento del rostro (con la posible excepción de los ojos en el niqab), de forma que no es posible la identificación facial de la persona. ¿Por qué es decisiva la identificación facial en este caso? La razón no parece ser la seguridad (identificación policial, exigible en

---

dans l'espace public, JOR n°0237 du 12 octobre 2010 page 18344, Version consolidée au 11 avril 2011, fecha de consulta 11 agosto 2014, en http://www.legifrance.gouv.fr/affichTexte.do?cidTexte=JORTEXT000022911670; Circulaire du 2 mars 2011 relative à la mise en œuvre de la loi n° 2010-1192 du 11 octobre 2010 interdisant la dissimulation du visage dans l'espace public, JOR n°0052 du 3 mars 2011 page 4128, fecha de consulta 12 agosto 2014, en http://www.legifrance.gouv.fr/affichTexte.do?cidTexte=JORTEXT000023654701.

71 «[T]he Assembly asks that the Committee of Ministers: (…) 3.13. call on member states not to establish a general ban of full veiling or other religious or special clothing». Parliamentary Assembly, Council of Europe, Recommendation 1927 (2010) «Islam, Islamism and Islamophobia in Europe», fecha de consulta 12 agosto 2014, en http://assembly.coe.int/Main.asp?link=/Documents/AdoptedText/ta10/EREC1927.htm.

72 *S.A.S. v. France* [GC], no. 43835/11, ECHR 2014, sobre la compatibilidad de la prohibición legislativa del velo integral en la vía pública con el Convenio Europeo de Derechos Humanos (artículos 8, 9 y 10).


84

circunstancias específicas y no en general) o la salud pública. De hecho la demandante, desde una postura muy próxima al individualismo expresivo (Tourkochoriti, 2012, p. 847–848) muestra cierta flexibilidad, alejada del rigorismo, sensible respecto de las exigencias de seguridad pública o la relación social con otras personas[73]. Sin embargo, el Tribunal de Estrasburgo entiende que prevalecen los derechos y las libertades de los demás, en la medida en que la prohibición del ocultamiento del rostro pretende garantizar las condiciones básicas de la convivencia cívica (*le vivre ensemble*); el problema aquí estriba en que la preservación de esas condiciones de la convivencia cívica no son subsumibles en la protección de los derechos y libertades de los demás, ya que el Convenio no reconoce a nadie el derecho a ver el rostro de otros ciudadanos o a vivir en un espacio de socialización que haga más fácil la convivencia cívica (Lægaard, 2015, p. 211). Además, las condiciones básicas de la convivencia acuñadas en el término *vivre ensemble*, se presta a una arbitraria modalización que justificaría la proscripción de aquellas conductas que la mayoría considere incómodas o indeseables (Syring, 2014). El Tribunal entiende que la medida resulta proporcionada en razón del margen de apreciación nacional (García Roca, 2007; Greer, 2000) del que

73 «11. La requérante, qui se déclare musulmane pratiquante, indique porter la burqa et le niqab afin d'être en accord avec sa foi, sa culture et ses convictions personnelles. Elle précise que la burqa est un habit qui couvre entièrement le corps et inclut un tissu à mailles au niveau du visage, et que le niqab est un voile couvrant le visage à l'exception des yeux. Elle souligne que ni son mari ni aucun autre membre de sa famille ne font pression sur elle pour qu'elle s'habille ainsi. 12. Elle ajoute qu'elle porte le niqab en public comme en privé, mais pas de façon systématique ; ainsi, par exemple, elle peut ne pas le porter lorsqu'elle est en consultation chez un médecin ou lorsqu'elle rencontre des amis dans un lieu public ou cherche à faire des connaissances. Elle accepte donc de ne pas porter tout le temps le niqab dans l'espace public, mais souhaite pouvoir le faire quand tel est son choix, en particulier lorsque son humeur spirituelle le lui dicte. Il y a ainsi des moments (par exemple lors d'événements religieux tels que le ramadan) où elle a le sentiment de devoir le porter en public pour exprimer sa religion et sa foi personnelle et culturelle ; son objectif n'est pas de créer un désagrément pour autrui mais d'être en accord avec elle-même. 13. La requérante précise qu'elle ne réclame pas de pouvoir garder le niqab lorsqu'elle se trouve en situation de subir un contrôle de sécurité, se rend dans une banque ou prend l'avion, et qu'elle est d'accord de montrer son visage lorsqu'un contrôle d'identité nécessaire l'impose.» *S.A.S. v. France* [GC], no. 43835/11, §11, ECHR 2014.

gozan, en este caso, las autoridades francesas. La sentencia del Tribunal Europeo de Derechos Humanos, y los antecedentes internos, nos sitúan ante la objetivación de las condiciones de la convivencia, es decir, ante un prius jurídico incontestable (que la jurisprudencia francesa consagra bajo el nombre de «orden jurídico inmaterial») difícilmente cohonestable con una visión liberal-relativista de los derechos fundamentales y las libertades públicas.

Paralelamente, a lo largo de varios años, se han promovido en Italia iniciativas legislativas nacionales y ordenanzas municipales dirigidas a la prohibición del velo integral en la vía pública (Vázquez Gómez, 2012, p. 85–156). Respecto de las ordenanzas municipales, la cuestión se resolvió en la falta de competencia de los alcaldes para establecer la prohibición.[74]

Y respecto a si la prohibición del burqa y el niqab en la vía pública debe regularse o no mediante una legislación común o especial, cabe concluir que el debate se encuentra abierto y que la tendencia hacia un modelo o hacia otro depende en gran medida del contexto jurídico, político o ideológico (Tourkochoriti, 2012). Como se ha afirmado,

> *...el velo integral plantea un problema más ficticio que real. Una vez que se hubiera discernido entre el burka voluntario y el impuesto —y no sería difícil ajustar un castigo para esto último, como ante un delito de coacciones, por ejemplo, sin necesidad de leyes especiales—, nos encontraríamos con que la realidad del velo integral es casi anecdótica, incluso en aquellos países que han dispuesto prohibiciones contra su uso (...) las actuaciones contra el velo integral que están brotando en los ordenamientos jurídicos occidentales nacen de un objetivo común: acabar con aquello que simboliza todo lo que el sistema rechaza por amenazador, pero sin entrar decididamente en el caso concreto, en las razones personales, en los derechos indi-*

74 Corte Costituzionale, Sentenza 07 aprile 2011, n. 115.

> *viduales, en las creencias religiosas, que son lo que realmente han decidido a una mujer a cubrirse por completo* (López-Sidro López, 2013, p. 44–45).

La postura del feminismo en torno a esta cuestión no es uniforme. Para un sector, «[e]l uso de ciertos símbolos religiosos resulta ostensiblemente discriminatorio de la mujer (...) cualesquiera símbolos, prácticas religiosas o tradiciones basadas en la inferioridad de las mujeres y en su sumisión o subordinación, con independencia de su modo de exteriorización, han de ser excluidas de protección jurídica sin ambigüedades» (Rico-Rico Ruiz, 2011, p. 305). Sin embargo, para otros sectores, convertir a las mujeres musulmanas en víctimas de la opresión, sin tener en cuenta las distinciones-clave del contexto y de la racionalidad, conducen a la yuxtaposición de situaciones de forma simple e ilógica: el maternalismo —que incluso puede ocultar cierta ignorancia y estereotipos (Evans, 2010, p. 51)— proyectado sobre mujeres islámicas subyugadas que necesitan ser redimidas o liberadas, no es sino otra forma de patriarcado, otra forma de opresión (Silvestri, 2012; Yildirim, 2012, p. 49–52). «Ciertamente, la real voluntariedad del uso del burka o niqab por parte de las mujeres puede ser puesta en duda en muchas ocasiones, pero el derecho tiene sus límites, y son evidentes los riesgos potenciales de invadir legítimas esferas de privacidad aun con la loable intención de liberar a la mujer de yugos históricos» (Navarro-Valls y Martínez-Torrón, 2011, p. 362). Un recente estudio empírico sobre la cuestión de la vestimenta religiosa femenina arroja un resultado contra-intuitivo: son más los países que prohíben a las mujeres adoptar un vestuario de connotaciones religiosas que los que las obligan a observar un determinado atuendo religioso (Pew Research Center, 2016).

La Ley Orgánica de seguridad ciudadana de 2015 en su artículo 16 regula la identificación de personas por parte de los agentes de las fuerzas y Cuerpos de seguridad en los supuestos de indicios de participación en la comisión de una infracción o razonable necesidad de la identificación para la prevención de la comisión de un delito[75]. En estos dos supuestos, los mencionados agentes podrán requerir la identificación de las personas «cuyo rostro no sea visible total o parcialmente por utilizar cualquier prenda y objeto que lo cubra, impidiendo o dificultando la identificación». Si no es posible la identificación, o la persona se negara a identificarse, los agentes de las fuerzas y Cuerpos de Seguridad podrán requerir a las personas a que les acompañen a las dependencias policiales más próximas «en las que se disponga de los medios adecuados para la práctica de esta diligencia» por un tiempo máximo de seis horas.

No sería impensable que este deber de identificación pudiera exigirse a mujeres ataviadas con el burqa o el niqab: en los Estados Unidos de América la policía de tráfico ha exigido en tres ocasiones a lo largo de 2015 a automovilistas musulmanas, para su identificación, remover su hijab durante el proceso de denuncia de infracciones de tráfico (Friedman, 2016b; Al Hajal, 2015; Hogan, 2015). En alguno de estos casos, la denunciada pidió que se procediera a la identificación ante policías mujeres, petición que fue denegada. En dos de los supuestos las afectadas han interpuesto sendas demandas judiciales contra la policía.

Volviendo a la ley española, la negativa de una persona a identificarse (en los supuestos en los que la identificación viene exigida) no puede legalmente resolverse en la estimación de una desobediencia a la autoridad ni, mucho menos, en el empleo de la fuerza para lograr la identificación; conducir a las dependencias policiales ofrece de forma indirecta una adaptación a las exigencias religiosas de la denunciada, ya que así podría resultar más fácil la identificación por parte de un agente femenino.

---

75 Ley 4/2015, de 30 de marzo, Orgánica de protección de la seguridad ciudadana (BOE núm. 77, de 31 de marzo de 2015).

## 6.2 Personas en espacios de seguridad

> *[E]n algunos lugares públicos la prohibición del velo integral puede cobrar sentido, por razones de seguridad o de comunicación interpersonal: por ejemplo, edificios destinados a oficinas públicas, aeropuertos o estaciones, o centros educativos (el rostro es, para la inmensa mayoría de los seres humanos, el primer elemento que posibilita la identificación de las personas y también la comunicación entre personas, que es parte esencial de la dinámica de la educación)* (Navarro-Valls y Martínez-Torrón, 2011, p. 363).

Si la anterior afirmación resulta razonable de forma general y sin atender a particularidades, es claro que la limitación en el disfrute de los derechos fundamentales en esos lugares

> *...se ha agravado aún más desde los últimos actos de terrorismo global, que han obligado a reforzar las medidas de seguridad en los diversos medios de transporte y en las que especialmente se ha incidido en las políticas internacionales de seguridad aérea. Piénsese que la mayor parte de los actos de terrorismo presentan dos elementos en común: un trasfondo religioso al haberse perpetrado en nombre de posiciones religiosas fundamentalistas y que se han desarrollado en el ámbito del transporte (aviones, metro, autobús)* (Meseguer Velasco, 2005, p. 116–117).

En consecuencia, la seguridad puede ser determinante para restringir el uso de símbolos religiosos personales en el acceso al transporte subterráneo[76], a las aeronaves[77], o al establecer determinadas exigencias para pasar controles a través de los arcos detectores de metales de algunos recintos[78]. También se ha limitado el uso de ciertos símbolos

76 *People v. Singh*, 135 Misc.2d 701, 516 N.Y.S.2d 412 (1987).

77 *Nijjar v. Canada 3000 Airlines Ltd.*, 1999 CanLII 19861 (CHRT), sobre las restricciones de acceso a la cabina del avión a un pasajero sij que portaba su kirpán.

78 *Phull v. France* (dec.), no. 35753/03, ECHR 2005-I.

religiosos individuales por motivos de identificación en las oficinas consulares[79], si bien en este caso cabría dar entrada a determinadas medidas de adaptación o acomodación a las necesidades de conciencia de los administrados. Se han impuesto restricciones en espacios concurridos, como algunos museos italianos, compatibles con medidas de adaptación para la identificación de los visitantes que porten símbolos religiosos (Briones Martínez, 2009, p. 68). La legislación del Reino Unido se ha mostrado particularmente tolerante respecto del kirpan sij en su normativa sobre tenencia de armas blancas80. En esta misma línea, la jurisprudencia italiana también se ha mostrado proclive a excluir de responsabilidad penal a los sijs portadores del kirpan (Vázquez Gómez, 2012, p. 221–235). En ambos casos, las previsiones legales se refieren a la tenencia, en general, por lo que no cabe extrapolar esas normas a otros espacios de especial consideración, como los transportes públicos.

En la confrontación legal entre el interés de la seguridad en los edificios públicos, por un lado, y la libertad religiosa de los empleados y funcionarios, por otro, no puede afirmarse el predominio de aquel interés de forma indiscutida, no exime del deber de demostrar la proporcionalidad de la limitación: esta es la posición adoptada por el Tribunal federal de apelaciones de los Estados Unidos respecto de una trabajadora sij que, tras su conversión, comienza a portar el kirpan en su trabajo en un edificio del Internal Revenue Service (la agencia tributaria) en Houston[81].

79 *El Morsli c. France* - Décision sur la recevabilité, Requête nº 15585/06, 4 mars 2008.

80 «The defendant is entitled to be acquitted if he shows on the balance of probabilities that: (…) he had the article for religious reasons.» The Crown Prosecution Service homepage, «Offensive Weapons, Knives, Bladed and Pointed Articles», fecha de consulta 12 agosto 2014, en http://www.cps.gov.uk/legal/l_to_o/offensive_weapons_knives_bladed_and_pointed_articles/#a11.

81 *Kawaljeet K. Tagore v. United States of America; United States Department of Homeland Security; Federal Protective Service; United States of America Department of the Treasury–Internal Revenue Service*, C.A. 5 (Tex.) 2013. El litigio finaliza con un acuerdo entre la trabajadora y la agencia tributaria.

También se ha limitado, por motivos de seguridad y de identificación, el uso legítimo de símbolos religiosos personales en dependencias oficiales (al menos en España es cada vez más frecuente).

> *Pero la posibilidad de estos controles no implica una prohibición general de cubrirse el rostro en todo espacio público y lugar, sino únicamente la obligación de descubrirse para la identificación cuando la persona sea requerida en un control de identidad necesario para el cumplimiento de las funciones que las leyes encomiendan a los cuerpos y fuerzas de seguridad, es decir, parciales prohibiciones de uso de velo integral en ciertos contextos* (Aláez Corral y Ruiz Ruiz, 2014, p. 99).

No obstante lo anterior, el Ayuntamiento de Lérida en 2010 aprobó una Ordenanza municipal de civismo y convivencia conforme a la cual se prohíbe el acceso a dependencias municipales a las personas que porten velo integral, pasamontañas, casco integral u otras vestimentas o accesorios que impidan o dificulten la identificación y la comunicación visual de las personas. El Tribunal Supremo, en su sentencia de 14 de febrero de 2013[82], entiende que estamos ante un problema competencial relativo a la reserva legal en la regulación limitadora de los derechos fundamentales, por lo que prospera el recurso contra la ordenanza, si bien permanece intacta la modificación del art. 21 del Reglamento de Servicio de Transportes de Lérida, relativo a la identificación de los usuarios del transporte público (Areces Piñol, 2014, p. 168–195; Arenas Ramiro, 2014).

## 6.3 Personas y enseñanza de titularidad pública

En relación con la simbología personal, el tratamiento jurídico otorgable en las escuelas públicas resulta muy variado, porque los regímenes de los países democráticos en

82 Tribunal Supremo, Sentencia 693/2013, 11 febrero 2013, Roj: STS 693/2013 - ECLI:ES:TS:2013:693.

materia de derechos educativos también lo son. El escenario que plantea la escuela francesa como vehículo de formación del ciudadano laico (Salomone, 2010, p. 79), es totalmente distinto del que representaría el Reino Unido, donde se implanta el pluralismo interno y externo. Por tanto, el escenario socio-jurídico, la misión o el objetivo atribuido a la escuela pública, el régimen de integración de la iniciativa social en el esquema estatal de la instrucción pública, etc. condicionan la fisonomía de la escuela estatal y el tratamiento de la simbología personal. En esta investigación se divide el tratamiento del tema en dos sectores: la enseñanza básica y media, y la enseñanza superior. Dentro de cada uno de ellos se analiza la posición de los alumnos, para acometer el estudio de los profesores más adelante.

### *6.3.1 Enseñanza básica y media*

En los países de nuestro entorno, la educación en los niveles elementales o básicos se configura como derecho-deber, lo cual puede situar al discente de la escuela de titularidad estatal en una posición similar, si no idéntica, a la de quienes se encuentran en una situación administrativa de sujeción especial (Aláez Corral, 2003, p. 118). Esto significa que el ejercicio y protección de los derechos fundamentales se encuentra modalizado y/o limitado en razón de los fines pretendidos por el Estado a través de la actividad o de la institución. En el caso español, la Constitución indica que la enseñanza tiene por objeto «el pleno desarrollo de la personalidad humana en el respeto a los principios democráticos de convivencia y a los derechos y libertades fundamentales» (artículo 27.3). En la medida en que la escuela pretenda este fin, no sólo como objetivo-tendencia, sino también como algo que impregna toda su actividad y todo su ambiente, entonces nada obsta para que la simbología religiosa de las personas esté presente y activa, como reflejo de la diversidad social, si bien limitada por los derechos de los demás miembros de la comunidad educativa y por el normal desarrollo de las actividades docentes (Aláez Corral y Ruiz Ruiz, 2014, p. 104–105).

Al desarrollar la función educativa, el Estado mantiene —o pretende mantener, con las contradicciones que esto supone (Sotelo, 1995, p. 57–58)— como criterio o principio de actuación la neutralidad ideológico-religiosa. Conviene recordar que la neutralidad constituye un principio de carácter instrumental o de actuación, al servicio del pleno disfrute de la libertad religiosa e ideológica de todos (Maclure, 2013, p. 3, 6). Podría suceder que la neutralidad, sin perder su carácter instrumental, se deslizara desde el Estado-aparato al Estado-comunidad, decidiendo no sólo la formación impartida por el Estado sino también la apariencia de todos los miembros de la comunidad escolar (alumnos, personal auxiliar e incluso los padres en la medida en que intervienen en el gobierno del centro educativo).

Estas consideraciones permiten entender el amplio abanico de posiciones en las que se ha situado la limitación o permisión los de símbolos religiosos de los alumnos en la escuela: desde su prohibición por aplicación del principio de laicidad (o de la neutralidad como principio no instrumental sino final)[83], hasta su restricción en la medida en que impiden el normal desarrollo de las actividades docentes[84.] No faltan situaciones en las que una cuidada valoración de las restricciones a la libertad religiosa del alumno se resuelve en la permisión del símbolo debatido[85] o en las que el clima

83 Así, por ejemplo, *Kervanci v. France*, no. 31645/04, 4 December 2008 ; *Aktas c. France* - Décision sur la recevabilité, Requête nº 43563/08, 30 juin 2009 ; Bayrak c. France - Décision sur la recevabilité, Requête nº 14308/08, 30 juin 2009 ; Singh c. France - Décision sur la recevabilité, Requête nº 27561/08, 30 juin 2009 ; *Gamaleddyn c. France* - Décision sur la recevabilité, Requête nº 18527/08, 30 juin 2009; *Ghazal c. France* - Décision sur la recevabilité, Requête nº 29134/08, 30 juin 2009; *Ranjit Singh c. France* - Décision sur la recevabilité, Requête nº 27561/08, 30 juin 2009. Diferente resultado en *Singh v. France*, Comm. No. 1852/2008, U.N. Doc. CCPR/C/106/D/1852/2008.

84 Más en concreto, la educación física en Dogru v. France, no. 27058/05, 4 December 2008.

85 *Multani v. Commission scolaire Marguerite-Bourgeoys*, [2006] 1 S.C.R. 256, 2006 SCC 6, sobre la permisión del kirpan sij de un alumno en la escuela pública. Con esta misma actitud de estricta revisión de las limitaciones a los derechos fundamentales, en un caso sobre el kirpan en la escuela *Cheema v. Thompson*, 67 F.3d 883 (9th Cir. 1995).

general de las comunidades escolares es permisivo y abierto a los símbolos religiosos personales del alumnado (Vázquez Gómez, 2012, p. 284–296). El caso británico planteado por la alumna Shabina Begum[86] muestra, a lo largo de todo su recorrido judicial, las distintas perspectivas de análisis del mismo conflicto en un entorno escolar que promueve la acomodación a la realidad pluricultural[87]. Shabina Begum era una estudiante de un instituto de bachillerato de Luton, Bedfordshire, en el Reino Unido. El instituto tiene una composición religiosa y étnica muy diversa y la uniformidad de los alumnos y alumnas intenta adaptarse a esa diversidad. Durante un tiempo, Shabina acudió al instituto sin queja alguna acerca del uniforme del colegio, pero en septiembre de 2002 solicitó a las autoridades escolares (parece que animada por un hermano) emplear el jilbab que acentuaba todavía más la modestia en el vestir. Las autoridades escolares se niegan a alterar la uniformidad. Shabina acude a los tribunales y, tras dos sentencias de resultado contrario, la House of Lords (entonces en función del Tribunal Supremo) falla a favor de la escuela. A título anecdótico, señalar que ante la Court of Appeals y la House of Lords, Shabina estuvo representada por Cherie Booth, esposa de Tony Blair. El criterio de las alternativas de escolarización para Shabina Begum en centros en los que no existiera restricción en el uso de símbolos tuvo sin duda cierto peso, como lo tuvo en España el caso de 2010 en Madrid, donde la alternativa

86 *R (on the application of Begum) v. Headteacher and Governors of Denbigh High School*, [2006] UKHL 15. En 1983, el caso *Mandla (Sewa Singh) v Dowell Lee* [1982] UKHL 7 (24 March 1982), fallado por la House of Lords (hoy Tribunal Supremo) estableció *prima facie* el derecho del alumno a asistir a una *Christian School* ataviado con el turbante sij: aquí el problema consistió en que la escuela no pudo justificar convincentemente la prohibición del turbante en sede de no-discriminación racial.

87 Distinto fue el resultado para la demandante en el caso *R (Watkins-Singh) v. Aberdare Girls High School* [2008] EWHC 1865, en el que el Tribunal Administrativo establece que la negativa del colegio a permitir que una alumna sij vista el brazalete ritual (*kara*) constituye una discriminación contraria a la *Race Relations Act* de 1976 (modificada para la trasposición de la Directiva del Consejo 2000/43EC) y a la *Equality Act* de 2006.

fue entre un reglamento escolar interno restrictivo y neutral (no se admiten prendas de cabeza) y la escolarización en un centro sin restricciones.

El caso *Begum* pudo, a su vez, condicionar el affaire británico del «anillo de castidad» de una alumna de bachillerato (caso *Playfoot*), en el que se introdujo —como ya se indicó antes— un elemento distorsionador del análisis judicial: el carácter obligatorio del símbolo religioso personal como exigencia para su protección como manifestación de la libertad religiosa[88]. Lydia Playfoot cursaba estudios en Millais School, una institución para chicas de 11 a 16 años, en Horsham, West Sussex. El reglamento del colegio establece que no forma parte del uniforme el empleo de ningún tipo de bisutería, fuera de unos discretos pendientes (plain ear studs). Durante más o menos un año (junio 2004 hasta el verano de 2005), Lydia lució en el colegio su «anillo de castidad», manifestación de su deseo de vivir la continencia antes del matrimonio. Advertido por las autoridades académicas el uso del anillo, se le prohíbe llevarlo. De acuerdo con sus padres, Lydia vuelve a emplear en el colegio el anillo y es sancionada. La cuestión es llevada al consejo de dirección del colegio que se niega establecer una excepción al reglamento para Lydia Playfoot. La familia Playfoot lleva el asunto a la justicia sin éxito. En este caso, la sentencia, recordémoslo, sustenta la tesis de que los tribunales de justicia son más sensibles a la discriminación racial que a la libertad religiosa de los estudiantes[89].

---

88 «23. In my judgment the act of wearing a ring is not «intimately linked» to the belief in chastity before marriage (...) The Claimant was under no obligation, by reason of her belief, to wear the ring; nor does she suggest that she was so obliged. 24. Accordingly, in my judgment, the Claimant was not manifesting her belief by wearing the ring and Article 9 is not engaged. In reaching this decision I have only been concerned with the facts of this particular case. *Playfoot (a Minor) v Governing Body of Millais School*, [2007] EWHC 1698 (Admin).

89 Así, *G. v. St Gregory's Catholic Science College* [2011] EWHC 1452 (Admin), la uniformidad del colegio no admitía que los alumnos trenzaran el cabello: en este caso, el alumno lo viste de ese modo por razones étnico-familiares. En Estados Unidos, la justicia se pronuncia por la protección de la libertad religiosa del estudiante en un caso similar: *A.A. ex rel. Betenbaugh v. Needville Independent School District*, 701 Supp. 2d 863, 258 (S.D. Tex. 2009).

La limitación más congruente de la simbología religiosa de los alumnos en la escuela pública se deriva del derecho a la educación de los demás estudiantes y, en consecuencia, del normal desarrollo de las actividades escolares: así se deduce también de la experiencia de los Estados Unidos de América (incluso en casos que quizá podrían calificarse como «límites»[90]) aunque en ese país no se considera admisible, por motivos religiosos, el rechazo total de la uniformidad escolar en los centros escolares que así lo tienen previsto[91]. Desde luego, afectaría al normal desarrollo de las actividades escolares emplear los símbolos religiosos como pretexto para ocultar aparatos electrónicos que permitan copiar en los exámenes escritos: eso alegan las autoridades escolares en la India para restringir el código de vestimenta de los alumnos sijs en los exámenes de educación secundaria (Friedman, 2015a). Al margen de anécdotas exóticas, la neutralidad de la escuela pública, en todo caso, no puede proyectarse lisa y llanamente sobre el alumnado, sino en la medida estrictamente necesaria para garantizar que la escuela pueda prestar la pretendida enseñanza neutral; así lo ha estimado el Consejo de Estado belga, con motivo de dos decisiones de octubre de 2014 relativas a la prohibición del velo islámico en escuelas estatales de la zona flamenca[92].

### *6.3.2 Enseñanza superior*

En el ámbito universitario la neutralidad religiosa e ideológica estatal imponen restricciones menos intensas que en la escuela. El régimen común de los límites generales a los derechos fundamentales resultaría idóneo para abordar los hipoté-

90 Se trata del supuesto resuelto por un tribunal federal de distrito en su sentencia *Iacono v. Croom*, 2010 WL 3984601, en el que la estudiante reclamaba su derecho, como fiel de la Iglesia de la modificación corporal, para lucir una pieza de joyería en la nariz.

91 *Jacobs v. Clark County School District*, 526. 3d 419 (9th Cir. 2008).

92 Raad van State, Afdeling Bestuursrechtspraak, IXe Kamer, Arrest nr. 228.752 van 14 oktober 2014 in de zaak A. 209.364/IX-8089, fecha de consulta 13 junio 2015, en http://www.raadvst-consetat.be/arr.php?nr=228752dep; Arrest nr. 228.751 van 14 oktober 2014 in de zaak A. 209.352/IX-8049, fecha de consulta 13 junio 2015, en http://www.raadvst-consetat.be/arr.php?nr=228751..

ticos problemas, allí donde la simbología religiosa individual interfiriera el normal desarrollo de la actividad académica. Tal situación se produciría, por ejemplo, cuando el símbolo religioso se convirtiera en instrumento de proselitismo, si bien la mera exposición de símbolos religiosos entre iguales debe respetarse como expresión de tolerancia social sin que sea posible estimar formalmente la existencia de un derecho a no verse expuesto.

La excepción a la irrelevancia de los símbolos religiosos personales en la universidad viene representada precisamente por una de las sentencias más importantes del Tribunal Europeo de Derechos Humanos: el caso *Sahin*[93] que, como se recordará, planteaba la compatibilidad con el Convenio Europeo de la prohibición del pañuelo islámico en las universidades de Turquía (Navarro-Valls y Martínez-Torrón, 2011, p. 307–311). Más en concreto, Leyla Sahin no pudo concurrir al examen escrito de una de las asignaturas que cursaba, al negársele el acceso por vestir velo islámico, algo prohibido en establecimientos públicos y oficiales. Y es que Turquía, con ser un país de mayoría musulmana, sin embargo desde la fundación de la República por Kemal Atatürk, defiende como principio político la laicidad del Estado, lo cual se refleja también en normas relativas a la vestimenta de los ciudadanos (tal como ya se señaló anteriormente, con motivo de la sentencia Ahmet Arslan c. Turquía). El caso de Leyla Sahin llegó hasta el Tribunal Europeo de Derechos Humanos, que dio prioridad al principio de laicidad y, en consecuencia, a la prohibición legal del velo en la Universidad turca, sobre la libertad religiosa de la recurrente. La postura del Tribunal de Estrasburgo no es compartida por el Consejo de Derechos Humanos de Naciones Unidas, que en un supuesto semejante[94] se inclinó por la libertad religiosa de quien porta el símbolo personal. En cual-

93 *Leyla Şahin v. Turkey* [GC], no. 44774/98, ECHR 2005-XI.

94 *Hudoyberganova v Uzbekistan*, Merits, Communication No 931/2000, UN Doc CCPR/C/82/D/931/2000, (2004), 5th November 2004, Human Rights Committee.

quier caso, tres años más tarde, el parlamento turco decidió levantar la prohibición del velo en las universidades del país (Friedman, 2008).

## 6.4 Prisiones

La situación de prisión provisional o cumplimiento de penas privativas de libertad conlleva la restricción de algunos derechos fundamentales. Las reglas mínimas de las Naciones Unidas para el tratamiento de reclusos (1955-1977) establecen en su número 42 que «[d]entro de lo posible, se autorizará a todo recluso a cumplir los preceptos de su religión, permitiéndosele participar en los servicios organizados en el establecimiento y tener en su poder libros piadosos y de instrucción religiosa de su confesión»[95], garantizándose también la asistencia religiosa. Sin embargo, nada se indica de forma expresa respecto de los símbolos religiosos personales. El Consejo de Europa, a través de la Recomendación sobre las normas europeas de prisiones, del año 2006[96], presta atención de forma genérica al derecho de libertad religiosa de los reclusos, sin una referencia específica al empleo de símbolos religiosos, aunque se mencione el derecho a las normas dietéticas religiosas (22.1)[97] y a la libertad de practicar la religión y seguir las propias creencias (29.2)[98]. En línea con estas nomas,

95 Naciones Unidas, Oficina contra la droga y el delito, *Recopilación de reglas y normas de las Naciones Unidas en la esfera de la prevención del delito y la justicia penal*, Naciones Unidas, Nueva York, 2007, p. 12, fecha de consulta 8 octubre 2014, en http://www.unodc.org/pdf/criminal_justice/Compendium_UN_Standards_and_Norms_CP_and_CJ_Spanish.pdf.

96 Council of Europe, Committee of Ministers, *Recommendation Rec(2006)2 of the Committee of Ministers to member states on the European Prison Rules* (Adopted by the Committee of Ministers on 11 January 2006 at the 952nd meeting of the Ministers' Deputies), fecha de consulta 13 agosto 2014, en https://wcd.coe.int/ViewDoc.jsp?id=955747.

97 «22.1 Prisoners shall be provided with a nutritious diet that takes into account their age, health, physical condition, religion, culture and the nature of their work.»

98 «29.2 The prison regime shall be organised so far as is practicable to allow prisoners to practise their religion and follow their beliefs, to attend services or meet-

el Reglamento penitenciario español[99] regula tanto el respeto a las normas dietéticas religiosas (artículo 226), como la asistencia religiosa de los internos (artículo 230). Entre los deberes enumerados en el artículo 5 se menciona la corrección en el vestir, sin ningún detalle adicional en lo que a la simbología religiosa personal se refiere.

El singular itinerario de la libertad religiosa en Estados Unidos de América, desde la *Religious Freedom Restoration Act* de 1993 hasta la *Religious Land Use and Institutionalized Persons Act* de 2000 (RLUIPA) condujo a situar en un ámbito de especial protección la libertad religiosa de los reclusos (Rubio López, 2006, p. 243–426). Extraña es la semana en la que los tribunales federales norteamericanos no emiten casi una decena de sentencias relativas, en no pocos casos, al reconocimiento del derecho a portar símbolos religiosos personales en establecimientos penitenciarios (Hamilton, 2005, p. 158). El Tribunal Supremo de los Estados Unidos, en enero de 2015, se enfrentó con la cuestión de los símbolos religiosos personales en las cárceles, bajo las condiciones jurídicas establecidas por la RLUIPA, condiciones que son realmente exigentes. En efecto, la sentencia *Holt v. Hobbs*[100] presenta la reclamación de un recluso musulmán al que las autoridades carcelarias de Arkansas (estado donde cumple condena) niegan el derecho de dejar crecer su barba (por motivos religiosos) hasta media pulgada de longitud; en las prisiones de dicho Estado se prohíbe dejar crecer la barba salvo por razones de salud dermatológica. Los motivos que argumenta el departamento de prisiones de Arkansas para sustentar su reglamentación son dos: prevenir el contrabando en la cárcel y facilitar la identificación de los reclusos, que podrían cambiar repentinamente de aspecto para lograr entrar en zonas de acceso restringido o procurarse la fuga. A diferencia

ings led by approved representatives of such religion or beliefs, to receive visits in private from such representatives of their religion or beliefs and to have in their possession books or literature relating to their religion or beliefs.»

99 Real Decreto 190/1996, de 9 de febrero, por el que se aprueba el Reglamento Penitenciario, BOE núm. 40, de 15 de febrero de 1996.

100 *Holt v. Hobbs*, 574 U. S. ____ (2015), 135 S.Ct. 853, 190 L.Ed.2d 747.

del tribunal federal de instancia, y a la luz de las exigencias de la RLUIPA[101], el Tribunal Supremo rechaza los argumentos anteriores entendiendo que no son los medios menos restrictivos para garantizar esos intereses sin lesionar la libertad: por un lado, ¿qué puede ocultarse en una barba de media pulgada? ¿No puede ocultarse también el contrabando en el pelo (que no necesariamente está restringido a media pulgada)? ¿No se procede al cacheo de los que tienen barba por motivos dermatológicos, para evitar el contrabando? Y respecto de las fotografías y la identificación del recluso, ¿por qué no seguir aquí la práctica de otros correccionales estadounidenses, que emplean un sistema de doble identificación (dos fotografías, con y sin barba)? La sentencia abunda en otros elementos de interés, que permiten afirmar de la misma ser un perfect textbook case, cuyos detalles exceden del propósito de este estudio.

## 6.5 Las personas y los poderes del Estado

El Estado-aparato carece de rostro. El modo a través del cual el Estado se hace presente a las personas es precisamente sus símbolos, emblemas, banderas, himnos, sus edificios y, naturalmente, las personas que lo representan, desde el jefe del Estado hasta el funcionario local, pasando por las fuerzas y cuerpos de seguridad.

Parece lógico que los funcionarios o representantes del Estado reflejen la neutralidad y transmitan, con su modo de presentarse, que el Estado es equidistante (es decir, guarda la misma distancia) respecto de sus ciudadanos, haciendo abs-

101 La Sección 3 de dicha ley establece que el Estado no podrá imponer una restricción de la libertad religiosa (*substantial burden on the religious exercise*) de un recluso, incluso si esa restricción es consecuencia de una ley de general aplicación, salvo que la autoridad pública pueda demostrar que dicha restricción impuesta al recluso (1) pretende la protección o promoción de un interés público imperativo; (2) es el medio menos restrictivo para la protección de dicho interés. En definitiva, mediante esta regla se establece la inversión de la carga de la prueba y la especial cualidad que debe revestir el motivo por el que se limita el derecho fundamental de libertad religiosa, aproximándose a grandes rasgos este *less restrictive means test* al principio de proporcionalidad en la restricción de los derechos fundamentales.

tracción de las diferencias (raza, lengua, creencias) para otorgar el mismo trato basado en los derechos y libertades que reconoce a todos. Con este fin se podría prohibir a los funcionarios y agentes del Estado portar símbolos religiosos. Lo cual es una solución intuitiva y justificada, pero que admite también otros argumentos y soluciones aceptables. Es decir, si el Estado quiere manifestarse cercano e inclusivo, debe serlo en primer lugar respecto de sus propios servidores públicos. A esto puede añadirse también que las relaciones de especial sujeción no significan la anulación de los derechos fundamentales. En un contexto de neutralidad (incluso más si se trata de una neutralidad excluyente) la libertad religiosa queda afectada pero no cabe establecer a priori reglas genéricas sobre el modo de articular dicha limitación y sobre la justificación de la misma.

Veamos en qué medida los símbolos religiosos personales se ven limitados en el «rostro visible» del Estado.

### *6.5.1 Funcionarios del poder ejecutivo en general*

¿Por qué debe prohibirse a los funcionarios públicos el vestuario religioso al realizar funciones propias del cargo? La razón comúnmente ofrecida ha sido que, al realizar esas funciones o trabajos, el individuo no se representa a sí mismo, o a su comunidad religiosa, sino que representa al Estado y como tal se manifiesta al servicio de todos los ciudadanos, con independencia de la religión o la cultura a la que pertenezcan, desempeñando su función de forma imparcial (Piret, 2011, p. 275). En Francia, la laicidad del Estado y la neutralidad de los servicios públicos se proyectan en un continuo sobre la apariencia del personal al servicio de la administración pública. Esto podría significar asumir (lo cual es discutible) que, entre las posibles diferencias físicas-naturales (altura, peso, color de la piel) e indumentarias (color de la ropa, tejido del que está hecho, peinado, etc.), los rasgos o la apariencia de significado religioso genera distinción o división, mientras que otras formas de apariencia externa no la crean.

Los funcionarios, en general, están sometidos a una regulación también si no están a la vista del público, es decir, si no transmiten un mensaje religioso, arreligioso, antirreligioso o neutral. Quizá la naturaleza pública de su trabajo sea el punto de partida para entender las posibles restricciones (Evans, 2009, p. 76). Simultáneamente, como veremos respecto del caso canadiense y, más en concreto, de la provincia de Quebec, cabe aducir que si el Estado pretende la integración de minorías resultaría contradictorio desarrollar políticas de inclusión en diversos ámbitos (laboral, educativo, sanitario) eludiendo el sector público.

La prohibición de símbolos religiosos personales de los funcionarios o agentes del Estado parece admitir excepciones prácticas, una de las cuales se muestra en los Estados Unidos de América. Allí, las Orientaciones o Principios sobre práctica religiosa y expresión religiosa en puestos de trabajo federales[102] —mencionadas ya anteriormente— indican que, incluso en los lugares de trabajo abiertos al público, no está prohibida toda expresión personal religiosa del empleado. Por ejemplo: el empleado federal puede emplear símbolos religiosos (en concreto objetos de bisutería o joyas) en ausencia de circunstancias especiales (como motivos de seguridad) que pudieran requerir una prohibición extendida también a todo tipo de objetos no religiosos. Los trabajadores pueden también poseer objetos religiosos artísticos y publicaciones religiosas, en la misma medida en que pueden tener otro tipo de representaciones artísticas o literatura no religiosa, siempre que el público al que atienden pueda razonablemente entender que esa expresión religiosa corresponde personalmente al empleado y no corresponde propiamente al Estado.

En relación con los símbolos religiosos personales se ha producido en Europa lo que podría llamarse el «efecto contagio». Me explico: lo que primeramente preocupaba era el burka y el niqab, y se pretende su prohibición por razones jurídico-políticas. Como no se quiere singularizar estos símbolos (ni crear un mensaje de rechazo hacia el Islam en una

102 *Guidelines on Religious Exercise and Religious Expression in the Federal Workplace*, August 14, 1997, fecha de consulta 23 julio 2014, en http://clinton2.nara.gov/WH/New/html/19970819-3275.html.

Europa pretendidamente inclusiva), de inmediato se extiende la prohibición a otros símbolos religiosos (cristianos y de otras confesiones) que en principio no han dado ningún problema. En consecuencia, se procede a la «neutralización» total, global e indiscriminada de los símbolos religiosos personales entre los representantes del Estado. Con motivo del proyecto de ley de la Provincia de Quebec conocido como *Carta de los valores o de la laicidad*[103], se ha planteado la prohibición a todos los funcionarios civiles de vestir elementos «que, por su naturaleza visible, indiquen abiertamente una afiliación religiosa». El proyecto está sometido a un profundo debate. Se ha indicado a este respecto que «prohibir el uso de símbolos manifiestos y evidentes entre los funcionarios públicos implica directamente que a los ciudadanos que visten esos símbolos les está prohibido el acceso al funcionariado: esto no es neutralidad estatal —que es la razón que se invoca— sino exclusión activa por razones religiosas» (Watson, 2013). Contrasta esta iniciativa con la tendencia observada en Turquía, a partir de 2013, dirigida a suprimir la prohibición del velo islámico en el funcionariado femenino (Donovan, 2013). La existencia de puestos o desempeños administrativos vinculados con la diversidad religiosa difícilmente se cohonesta con la neutralización de su apariencia por razones de asepsia institucional: el caso de la «facilitadora cultural» (empleada o funcionaria cuya función es favorecer la legalidad, la seguridad y la integración de colectivos inmigrantes) al servicio de la policía local de Padua, sería un ejemplo claro (Vázquez Gómez, 2012, p. 260–263).

103 «4. In the exercise of their functions, personnel members of public bodies must exercise reserve with regard to expressing their religious beliefs. 5. In the exercise of their functions, personnel members of public bodies must not wear objects such as headgear, clothing, jewelry or other adornments which, by their conspicuous nature, overtly indicate a religious affiliation. 6. Personnel members of public bodies must exercise their functions with their face uncovered, unless they have to cover their face in particular because of their working conditions or because of occupational or task-related requirements.» Assemblée Nationale Québec, «Bill n°60: Charter affirming the values of State secularism and religious neutrality and of equality between women and men, and providing a framework for accommodation requests», fecha de consulta 13 agosto 2014, en http://www.assnat.qc.ca/en/travaux-parlementaires/projets-loi/projet-loi-60-40-1.html.

### *6.5.2 Fuerzas armadas y cuerpos de seguridad*

La justificación del uso del uniforme en las Fuerzas Armadas resulta de una combinación de factores específicos. Se entiende que el uniforme pone de manifiesto la subordinación de la identidad personal o de las propias preferencias de cada uno al todo de la misión del grupo armado, reforzando el sentido de unidad jerárquica al eliminar toda singularidad distinta del rango, debiendo mantenerse la uniformidad tanto en tiempo de conflicto como en tiempo de paz, por la situación de alerta que siempre caracteriza al ejército. A los efectos que aquí nos ocupan podría establecerse una distinción entre la «alteración» de la uniformidad mediante un símbolo religioso personal, de la «adición» a la uniformidad de un símbolo personal, ya que no son acciones equivalentes.

La jurisprudencia norteamericana, que se muestra flexible en otros ámbitos, no admitió la existencia de una excepción constitucional a la uniformidad en el ejército en la famosa sentencia del año 1986 *Goldman v. Weinberger*[104]. Posteriormente la *National Defense Authorization Act* para 1988 estableció una regulación favorable a los símbolos religiosos personales en su sección 508[105]. En 2014 el Departamento de Defensa norteamericano revisó su política de adaptación o acomodación a las prácticas religiosas en el ejército me-

104 *Goldman v. Weinberger*, 475 U.S. 503 (1986), sobre la inconstitucionalidad de la normativa sobre uniformidad militar aplicable a un oficial judío que vestía bajo la gorra de plato la kippah o yarmulke.

105 PUBLIC LAW 100-180—DEC. 4, 1987 101 STAT. 1019. SEC. 508. WEARING O RELIGIOUS APPAREL BY MEMBERS O THE ARMED ORCES WHILE IN UNIORM (a) IN GENERAL.—Chapter 45 of title 10, United States Code, is amended— (1) by redesignating section 774 as section 775; and (2) by inserting after section 773 the following new section 774: PUBLIC LAW 100-180—DEC. 4, 1987 101 STAT. 1087 «§ 774. Religious apparel: wearing while in uniform (a) GENERAL RULE.—Except as provided under subsection (b), a member of the armed forces may wear an item of religious apparel while wearing the uniform of the member's armed force. (b) EXCEPTIONS.—The Secretary concerned may prohibit the wearing of an item of religious apparel— (1) in circumstances with respect to which the Secretary determines that the wearing of the item would interfere with the performance of the member's military duties; or (2) if the Secretary determines, under regulations under subsection (c) that the item of apparel is not neat and conservative.

diante algunas enmiendas a la Instrucción 1300.17[106]. Las enmiendas incorporan los criterios establecidos por la Religious Freedom Restoration Act al ámbito del ejército en materia de símbolos religiosos personales (incluyendo longitud del cabello, tatuajes, piercing corporal), especificando incluso que constituyen intereses primordiales del Estado (a sopesar frente a la simbología religiosa del militar) aquellos relativos al cumplimiento de la misión, tales como la cohesión de la unidad, el buen orden, la disciplina, la salud y la seguridad. Conforme a esta nueva normativa, en septiembre de 2014, el ejército del aire norteamericano resuelve la primera adaptación a favor de un capellán castrense judío (Friedman, 2014). El 12 de noviembre de 2014, la fuerza aérea norteamericana publicó una Instrucción para la aplicación de la Directiva Air Force Culture, que refuerza la adaptación a las creencias del personal militar, si bien establece que hasta la concesión de la adaptación (en este caso, relativa a los símbolos personales), el solicitante debe continuar con el cumplimiento de las normas aplicables, garantizando que la hipotética negativa a la adaptación deberá estar justificada[107]. Cerrando de alguna forma el ciclo que abriera la sentencia Goldman, en 2015 el Tribunal federal del Distrito de Columbia sostuvo que las autoridades militares lesionan la libertad religiosa de un candidato sij a las milicias universitarias si no le permiten portar el turbante[108]; en 2016, por su parte, varios sijs obtienen del ejército

106 Department of Defense, *Instruction number 1300.17 Accommodation of Religious Practices Within the Military Services*, Incorporating Change 1, Effective January 22, 2014, fecha de consulta 8 octubre 2014, en http://www.dtic.mil/whs/directives/corres/pdf/130017p.pdf.

107 Secretary of the Air orce, *Air orce Instruction 1-1, 7 august 2012, Incorporating Change 1, 12 November 2014 «Air orce Culture»*, n. 2.11.2, fecha de consulta 15 junio 2014, en http://static.e-publishing.af.mil/production/1/af_cc/publication/afi1-1/afi1-1.pdf. No se constata en España la existencia de conflictos particulares en el ámbito castrense acerca del empleo de simbología personal.

108 *Singh v. McHugh*, ---F.Supp. 3d ----, 2015 WL 3648682 (D.D.C.) Téngase en cuenta que el marco normativo del que partían la sentencia *Goldman* y esta otra sentencia era distinto: en la primera se examinaba el supuesto exclusivamente desde la perspectiva de la Constitución, mientra que en la sentencia *Singh* se examina el supuesto conforme a la *Religious Freedom Restoration Act*.

la adaptación a su vestuario religioso (Friedman, 2016a). No obstante todo lo anterior, el empleo de símbolos religiosos tales como versículos escritos de la Biblia en espacios compartidos, a falta de una regulación específica —y en medio, todo debe decirse, de comportamiento un tanto arisco— no parecen merecer la protección de los jueces militares en el caso *United States v. Sterling*[109].

El contexto que presentan las fuerzas y cuerpos de seguridad puede ser distinto respecto del que presenta el ejército (Castro Jover, 2005, p. 140–161). Salvo situaciones excepcionales, estos empleados públicos actúan con uniformidad[110] lo que permite la pronta identificación por parte de los ciudadanos, fomenta el espíritu de cuerpo de la institución[111] y ofrece una posible garantía de neutralidad en la prestación del servicio de seguridad (Ferenchik y Pyle, 2015).

La decisión de inadmisión del Consejo de Derechos Humanos de Naciones Unidas *Riley v. Canada*[112] hizo notar a la comunidad internacional que el Reglamento de la Policía Montada del Canadá establecía una excepción genérica a la uniformidad de sus miembros[113]. Hacia el año 2006, en Ho-

109 Se trata del caso del soldado de primera Monifa J. Sterling en el caso *United States v. Sterling*, 201400150 (N.M.C.C.A. 2015), fecha de consulta 15 septiembre 2015, en https://www.courtlistener.com/opinion/2784127/united-states-v-sterling/.

110 Así, por ejemplo, artículo 41.3, Ley Orgánica 2/1986, de 13 de marzo, de Fuerzas y Cuerpos de Seguridad, BOE núm. 63, de 14 de marzo.

111 *Kelley, Commissioner, Suffolk County Police Department v. Johnson*, 425 U.S. 238, 248 (1976). Aunque la decision no está relacionada con la simbología religiosa, sin embargo constituye un precedente destacado en materia de uniformidad de las fuerzas y cuerpos de seguridad.

112 *Riley et. al. v. Canada*, Comm. 1048/2002, U.N. Doc. A/57/40, Vol. II, at 356 (HRC 2002). Esta decision estuvo precedida por otra nacional, *Grant v. Canada* (Attorney General) (T.D.), [1995] 1. C. 158.

113 «64. (1) Subject to subsection (2), the significant uniform of the Force, the design of which is to be approved by the Minister, shall, together with such other items of uniform as the Minister approves, consist of a felt hat, scarlet tunic, blue breeches with a yellow cavalry stripe, brown Strathcona boots and jack spurs. (2) The Commissioner shall determine the occasions on which members are required to wear the significant uniform referred to in subsection (1) and may exempt any member from wearing any item thereof on the basis of the member's religious beliefs.» Royal Canadian Mounted Police Regulations, 1988 (SOR/88-361).

landa una policía planteó el uso de velo islámico con el uniforme. Las autoridades superiores le indican que no le está permitido y que intentarán transferirla a un puesto de policía sin uniformidad. Finalmente, se le indica que no hay alternativa y se despide a la trabajadora. La Comisión de igualdad entendió que se había incurrido en discriminación directa al no buscar, entre los puestos de policía sin uniformidad, uno de contacto directo con el público (Ooijen, 2012, p. 46–47). En Estados Unidos, las decisiones de los tribunales sobre el tema aparecen divididas, sin un criterio único[114].

### *6.5.3 Docentes en centros de titularidad estatal*

Como se ha afirmado con cierta ironía, «[l]a obligada asepsia del sagrado ámbito de lo público respecto a cualquier elemento religioso obligaría a los docentes a oficiar como auténticos sacerdotes de la inmanencia, evitando cualquier guiño a la transcendencia» (Ollero Tassara, 2011, p. 52). Desde otra perspectiva, se estima que «[l]a apertura y pluralismo que caracteriza la neutralidad estatal es un mandato en el ámbito escolar, pues representa la única vía para transmitir a los alumnos una formación plural y basada en el respecto a los valores y principios democráticos (art. 27.2). De ahí que el profesor tenga que representar un punto de referencia plural y no único, lo cual sólo es concebible si él mismo es visto como una parte activa y explicativa de la pluralidad social existente, pero no si se mantiene distante y desvinculado de esa pluralidad» (Aláez Corral, 2003, p. 121). Sin embargo, parece que no es fácil cohonestar este complejo papel del docente con la comprensión

114 La normativa por la que se suelen sustanciar estos casos es peculiar (Título VII de la *Civil Rights Act* de 1964, sobre discriminación en el empleo) común a las empresas privadas, no incardinada en el derecho administrativo. En sentido desfavorable al demandado, por ejemplo, *Webb v. City of Philadelphia*, 562 F.3d 256 (3rd Cir. 2009), sobre uso de velo islámico por la oficial de policía, y *Daniels v. City of Arlington*, 246 F.3d 500 (5th Cir. 2001), sobre el uso de una cruz en el uniforme. En sentido favorable, *Fraternal Order of Police Newark Lodge No. 12 v. City of Newark*, 170 F.3d 359 (3d Cir. 1999), sobre incumplimiento de las normas sobre afeitado de la barba de dos policías suníes; esta sentencia se acoge a los criterios implícitos acerca de la similitud del problema planteado con los casos de «handicap discrimination».

que el Tribunal Constitucional español tiene de la neutralidad escolar, que «es una característica necesaria de cada uno de los puestos docentes integrados en el centro, y no el hipotético resultado de la casual coincidencia en el mismo centro y frente a los mismos alumnos, de profesores de distinta orientación ideológica cuyas enseñanzas se neutralicen recíprocamente. La neutralidad ideológica de la enseñanza en los centros escolares públicos (...) impone a los docentes que en ellos desempeñan su función una obligación de renuncia a cualquier forma de adoctrinamiento ideológico»[115]. Ese «adoctrinamiento ideológico» que menciona el Tribunal Constitucional admitiría dos posibles interpretaciones: la primera, una interpretación extensiva conforme a la cual el profesor debe abstenerse de ejercer cualquier tipo de influencia no ya sólo respecto de los contenidos de lo que se enseña, sino de todos los elementos del proceso educativo, tanto respecto de la metodología pedagógica como de la forma de presentarse ante los alumnos, símbolos religiosos incluidos; la segunda, una interpretación restringida, que afectaría principalmente a los contenidos de las enseñanzas. Desde una perspectiva comparatista, de nuevo, la neutralidad del docente se enmarca en un escenario más amplio: el de la función política asignada a la instrucción pública y, en general, la actitud del Estado ante las creencias.

En materia de simbología religiosa de los docentes en los niveles educativos básicos y/o obligatorios, la línea de máxima viene representada por el caso *Dahlab*, en el que se estima congruente con el Convenio Europeo de Derechos Humanos la prohibición del velo islámico de una profesora de educación primaria. Lucia Dahlab, suiza, era profesora de educación primaria en el cantón de Ginebra. Convertida al Islam, vestía sin problemas el velo incluso en el desempeño de sus funciones docentes. Tras unas bajas de maternidad, se le exige abandonar el uso del velo durante el cumplimiento de sus obligaciones profesionales. Dahlab recurre a la justicia suiza,

115 Sentencia del Tribunal Constitucional 5/1981, de 13 de febrero de 1981 (BOE núm. 47 de 24 de febrero de 1981), Fundamento Jurídico 9.

sin éxito, como tampoco lo obtuvo ante el Tribunal Europeo de Derechos Humanos. Para éste, la neutralidad escolar, unida al margen de apreciación de las autoridades nacionales a la hora de proteger a los menores y a sus padres respecto del posible impacto de la simbología religiosa personal, justifica la decisión negativa adoptada[116]. Distinta fue la apreciación de un supuesto semejante en el caso *Ludin*[117], del Tribunal Constitucional alemán, relativo al uso de velo islámico por parte de una candidata a un puesto de profesora (Rossell, 2009, p. 186–193): el Tribunal entiende que no hay base legislativa suficiente para establecer un deber de abstenerse de mostrar la identidad religiosa. La sentencia provocó un intenso movimiento legislativo en algunos Länder para resolver la cuestión de los símbolos religiosos personales del profesorado, en no pocos casos mediando el principio de neutralidad en la escuela (Robbers, 2006, p. 291–295). Precisamente, la Sentencia del Tribunal Constitucional alemán de 27 de enero de 2015, recaída sobre un recurso de amparo contra la normativa escolar del Land de Renania del Norte-Westfalia, vendría a someter a control constitucional las consecuencias de aquel movimiento legislativo posterior al caso *Ludin*[118]. En concreto, el tribunal de Karlsruhe estima que la limitación de la libertad religiosa de las docentes musulmanas establecida por la legislación estatal resultaba desproporcionada. Y además (lo cual es importante a efectos comparativos respecto de la sentencia Dahlab) que cabe diferenciar entre los símbolos religiosos que son ex-

116 *Dahlab v. Switzerland* (dec.), no. 42393/98, ECHR 2001-V. Sigue una línea semejante en un contexto distinto (la laicidad turca), la decisión en el caso *Karaduman c. Turquie*, Requête No 16278/90, 3 mai 1993. Se mantiene incluso el mismo criterio en la enseñanza superior en la decisión *Kurtulmuş v. Turkey* (dec.), no. 65500/01, ECHR 2006-II.

117 BVerfG, 2BvR1436/02 of 09/24/2003. Inexistencia de base legal suficiente para establecer la obligación del profesorado de educación primaria y secundaria de abstenerse de mostrar su afiliación religiosa en la escuela.

118 BVerGe 1 BvR 471/10 1 BvR 1181/10, de 27 de enero de 2015, ECLI:DE:BVerfG:2015:rs20150127.1bvr047110; fecha de consulta 16 septiembre 2015, en http://www.bundesverfassungsgericht.de/SharedDocs/Entscheidungen/DE/2015/01/rs20150127_1bvr047110.html.

presión de la voluntad de las autoridades educativas, respecto de los que responden a la voluntad de los docentes: no hay una identidad automática; la libertad religiosa negativa de los alumnos sólo se vería infringida por la libertad positiva del docente cuando éste incurra con su vestimenta en una acción de proselitismo indebido. Quizá esta nueva sentencia genere una revisión constitucional «en cascada» de las legislaciones estatales alemanas o, en previsión de posibles recursos judiciales, una nueva serie de cambios legislativos para una garantía más precisa del derecho de libertad religiosa de los docentes.

Cabría también atender a las cuestiones prácticas, en lugar de centrar la discusión en el principio de neutralidad escolar, evaluando en concreto el impacto que el símbolo personal del docente genera en la tarea pedagógica que desempeña. Así, en el Reino Unido el caso *Azmi*[119] descansa en la importancia del lenguaje gestual de la profesora ayudante en el desempeño de su trabajo para determinar la inexistencia de discriminación directa e indirecta (Aláez Corral y Ruiz Ruiz, 2014, p. 69–70; Navarro-Valls y Martínez-Torrón, 2011, p. 331–332). Aisha Azmi fue contratada como ayudante traductora en un colegio de la Iglesia anglicana, en el cursan estudios hasta un 92% de alumnos musulmanes. Azmi pidió emplear el niqab en su trabajo cuando estuviera con profesores varones en el aula. El colegio investiga esta posibilidad y llega a la conclusión de que los gestos, el lenguaje corporal, la expresión facial, la sonrisa, reforzaban la palabra hablada y hacen posible la interacción con los niños; pero si el rostro de Azmi quedado oculto por el niqab, esa interacción pedagógica es imposible. En consecuencia, se decide que no podrá seguir trabajando con niqab. Tras un permiso laboral, se lleva la cuestión ante la justicia. El tribunal laboral falla desestimando que se haya discriminado a la empleada.

Es difícil establecer una tendencia uniforme sobre esta cuestión en los Estados Unidos de América (Castro Jo-

119 *Azmi v Kirklees Metropolitan Borough Council* [2007] UKEAT 0009_07_3003 (30 March 2007).

ver, 2005, p. 102–134), porque la normativa escolar es de competencia estatal, no federal. Pero, sobre todo, porque la cuestión de los símbolos religiosos ha ido estrechamente vinculada a la historia de las tensiones religiosas, que naturalmente también afectaron y afectan a la escuela pública (Durham y Smith, n.d.). Si en 1906 se consideraba que permitir a una religiosa católica impartir docencia con su hábito constituía una influencia religiosa inconstitucional en la escuela pública[120], sesenta años más tarde se sostiene que en ausencia de una normativa específica, no pueden impedirse los símbolos religiosos personales de los profesores[121]. En 2011, Nebraska y Pennsylvania eran los únicos estados que prohibían los símbolos personales de los maestros en la escuela[122]. Ese mismo año, la reacción legislativa a una sentencia confirmatoria de la prohibición de los símbolos personales cambia la legislación del estado de Oregón[123]. En general, se observa una tendencia favorable a que los profesores puedan portar símbolos religiosos personales en su actividad docente, si bien se exige que dichos símbolos no transmitan un mensaje proselitista abierto o directo[124].

120 *O'Connor v. Hendrick*, 184 N.Y. 421, 77 N.E. 612 (1906).

121 *Moore v. Board of Education*, 4 Ohio Misc. 257, 33 Ohio Op. 2d 406, 212 N.E.2d 833 (C.P. 1965). Propiamente, la sentencia resuelve un contencioso sobre clases de religión fuera del tiempo escolar oficial, pero señala: «Certainly, the wearing of the religious habit or garb by some of the defendant's teachers, in and of itself, does not convert the school at which they teach into a sectarian school or create sectarian control within the purview of the Constitutions.» p. 270.

122 La sentencia *U.S. v. Board of Education for School District of Philadelphia*, 911 F.2d 882 (3d Cir. 1990) estima que permitir a una maestra emplear el velo islámico pone en peligro la neutralidad estatal y que no resulta legítimo exigir de las autoridades una adaptación al vestuario religioso de cada docente. En sentido igualmente contrario a la pretensión de la demandante, *McGlothin v. Jackson Mun. Separate School Dist.*, 829 F.Supp. 853 (S.D. Mississippi, 1992).

123 *Cooper v. Eugene School District No. 4J*, 301 Or. 358, 723 P.2d 298 (1986), la prohibición legal del uso de turbante por parte de una maestra sij es una limitación legítima de su libertad religiosa. Después se produce la modificación de la norma (Or. Rev. Stat. § 342.650 [1965]; repealed by OR H. B. 3686, 1st Spec. Sess. 1 [Apr. 1, 2010]) rechazando en concreto la prohibición incondicionada de los símbolos personales de los maestros.

124 *Downing v. West Haven Board of Education*, 162 F.Supp.2d 19, 157 Ed. Law Rep.

En Italia no se han suscitado problemas especiales respecto de la simbología personal de los profesores, a excepción del caso de una maestra musulmana en una escuela privada en el año 2004, en Samone (provincia de Turín), que continuó su actividad docente en otra ciudad (Vázquez Gómez, 2012, p. 297–309). En fin, como ya se indicó antes, la Carta de los valores o de la laicidad canadiense, propone la prohibición a los profesores (e investigadores) de vestir elementos «que, por su naturaleza visible, indiquen abiertamente una afiliación religiosa», lo cual ha provocado reacciones adversas en el ámbito universitario.

La doctrina académica, en ocasiones, ha requerido aplicar a estos casos una cierta dosis de realismo. ¿Cuántas conversiones al Islam se han producido por estar ante una profesora ataviada con velo islámico en un Estado de mayoría cristiana? El hecho de que una profesora imparta su docencia ataviada con velo, ¿lleva a concluir que Suiza es un estado islámico? (Ladeur, 2009, p. 2469). Tiene cierto sentido distinguir entre qué escuela exige la Constitución y qué escuela queremos tener (Robbers, 2006, p. 300). Los que abogan por la prohibición del vestuario religioso en el profesorado argumentan que la escuela pública representa al Estado y que éste debe ser neutral. Sin embargo, esta visión extiende la neutralidad del Estado a la sociedad entera. La escuela pública está para educar a las jóvenes generaciones también en la diversidad; los alumnos se confrontan a diario, no con un Estado monolítico representado por un profesor o una profesora, sino que conocen a un buen grupo de profesores con diversas personalidades, caracteres y convicciones: el pluralismo social está presente en el pluralismo de la escuela. Lo que, en general, se excluye en Europa es convertir la escuela en herramienta de adoctrinamiento.

112 (D. Conn. 2001). La profesora vestía una camiseta en la que aparecía estampado en tamaño apreciable «JESUS 2000—J2K». La profesora reclamó ante la justicia —sin éxito— sus derechos de libertad de expresión y libertad religiosa.

### *6.5.4 Los representantes de la soberanía en el parlamento*

Los parlamentos nacionales se encuentran en una zona límite que tiene dos áreas unidas pero diferenciables en lo que a las manifestaciones religiosas se refiere.

Por un lado, en cuanto «espacios políticos», son un área de discusión de las cuestiones de interés común. Respecto de esta área los parlamentos no deben quedar necesariamente cerrados a las argumentaciones religiosas. Básicamente, esto se fundamenta en el derecho de libertad de expresión (Chaplin, 2012, p. 324): en el ámbito público cada ciudadano puede manifestarse (dentro de los límites propios de todo derecho fundamental) como desee y corresponde entonces a los demás aceptar o rechazar dicha expresión.

Por otro lado, son un área de expresión formal del Estado-estructura. Afirman algunas posiciones liberales que entre el espacio político y los procedimientos formales de las cámaras legislativas se establecería una especie de umbral institucional (institutional threshold) que depura el discurso procedente de la Babel informal de las voces diversas (comprehensive doctrines) y permite la entrada sólo de las aportaciones seculares, de forma que —por ejemplo— las reglas de procedimiento parlamentario deben autorizar al presidente de la Cámara legislativa a expurgar los argumentos religiosos de las actas parlamentarias (Habermas, 2006, p. 10). Otros autores entienden que esa depuración no se debe verificar necesariamente en el debate parlamentario y sus actas, sino en los instrumentos de expresión de las atribuciones propias y específicas del parlamento (Chaplin, 2012, p. 331–337). Los instrumentos normativos, así depurados, se muestran como formas de expresión de la voluntad popular, por un lado, y del Estado secular, por otro: porque en su elaboración no permanecen ajenos a la diversidad de identidades de los ciudadanos (identidades que comprende también una vertiente enraizada en las creencias) y, al mismo tiempo, en su resultado final refleja la razón pública (Rawls, 1997, p. 767).

Pocas han sido las ocasiones en las que el problema se ha revelado con toda su fuerza en los tribunales de justicia. Constituye una referencia habitual los casos *Kavakçi* e *Ilicak* decididos por el Tribunal Europeo de Derechos Humanos[125]. Merve Safa Kavakçi es una política turca que fue elegida como diputada del Partido de la Virtud para el parlamento. Al igual que ella, Nazli Ilicak, periodista, también fue elegida para formar parte de la cámara. Se les negó la toma de juramento, debido a que acudieron ataviadas con el hiyab. Ante el Tribunal Europeo de Derecho Humanos, ambos casos se debatieron sobre la base del artículo 3 del Protocolo 1 del Convenio Europeo de Derechos Humanos (derecho a elecciones libres), sin abordar la cuestión desde la libertad religiosa de las diputadas. La cuestión de los símbolos religiosos personales resultó colateral a la inhabilitación de las diputadas para integrarse en nuevos partidos.

Cuando la Asamblea Parlamentaria del Consejo de Europa acomete en un informe del año 2013 la cuestión de los símbolos religiosos en los parlamentos nacionales —y en su propia sede— ubica la cuestión dentro de unos márgenes amplios[126] aportando al mismo tiempo algunas ideas de interés. A la vista de la experiencia de los estados miembros, la Asamblea parlamentaria concluye que el modo de vestir exigido a los parlamentarios debe ser adecuado o apropiado. El vestuario religioso, en concreto, forma parte del derecho de manifestar la religión en público y de la tradición histórica y cultural, siendo entonces un marcador identitario. Teniendo en cuenta el contexto político, cuando los parlamentarios empleen sím-

125 *Kavakçı v. Turkey*, no. 71907/01, 5 April 2007; *Ilıcak v. Turkey*, no. 15394/02, 5 April 2007. Las parlamentarias acuden a su toma de posesión ataviadas con velo. En el caso de Merve Kavakçi se une el problema de su doble nacionalidad turca y estadounidense, privándosele de la primera por no haber informado al gobierno y a la junta electoral de esta circunstancia.

126 Parliamentary Assembly, Council of Europe, *The discipline of the members of the Parliamentary Assembly* (Report, Committee on Rules of Procedure, Immunities and Institutional Affairs. Rapporteur: Mr Christopher CHOPE, United Kingdom, European Democrat Group), Doc. 13339, 22 October 2013, fecha de consulta 15 agosto 2013, en http://assembly.coe.int/ASP/Doc/XrefViewPD.asp?ileID=20029&Language=EN, pár. 40-57.

bolos personales de carácter religioso o nacional, pueden hacerlo con el propósito de lograr una mayor identificación de los ciudadanos con sus representantes. En cualquier caso, el Parlamento entiende que el atuendo tanto de sus miembros como de los visitantes debe ser adecuado a las normas de seguridad que se aplican a todos, que no debe transgredir los valores que defiende el Consejo de Europa, y que no debe impedir la comunicación normal. En consecuencia, atendiendo a las razones anteriores, el informe indica que no son aceptables el kirpan o el velo integral en las dependencias de la Asamblea Parlamentaria.

### *6.5.5 Personas y poder judicial*

La administración de justicia es un área de actuación del Estado especialmente sensible. Del modo como se presentan los distintos intervinientes depende «la dignidad y solemnidad de los actos judiciales» que «compromete, en buena medida, el debido respeto a los ciudadanos y a la función que ejercen Jueces y Magistrados»[127]. No es una cuestión de respeto o solemnidad, exclusivamente, sino que, además, la apariencia con la que se presentan Jueces, Magistrados y fiscales transmite visualmente un mensaje de imparcialidad. Constituye un complemento a las garantías del juicio justo.

Sin perjuicio de lo anterior, una sociedad democrática y diversa puede haber alcanzado una situación en la que determinados elementos diferenciadores —como los símbolos religiosos personales— puedan considerarse irrelevantes o protegidos por el derecho fundamental de libertad religiosa, siempre que se observen determinados elementos mínimos de vestuario obligatorio (i.e. la toga[128] o indumentaria equivalen-

127 Exposición de Motivos, Acuerdo de 23 de noviembre de 2005, del Pleno del Consejo General del Poder Judicial, por el que se aprueba el Reglamento 2/2005, de honores, tratamientos y protocolo en los actos judiciales solemnes, BOE núm. 302, de 19 de diciembre de 2005.

128 «Artículo 187.1. En audiencia pública, reuniones del Tribunal y actos solemnes judiciales, los Jueces, Magistrados, Fiscales, Secretarios, Abogados y Procuradores usarán toga y, en su caso, placa y medalla de acuerdo con su rango.» Ley Orgánica 6/1985, de 1 de julio, del Poder Judicial, BOE núm. 157, de 02/07/1985.

te), o una vestimenta adecuada a la circunstancia. En cualquier caso, debe garantizarse que no queden comprometidas las normas de seguridad en la sala y el normal desarrollo de la administración de justicia, especialmente en los aspectos relativos a la comunicación entre personas. A este respecto, en diversas ocasiones los tribunales han subrayado que en la vista oral resulta imprescindible no sólo el lenguaje verbal (impedido por el burqa) sino también el lenguaje gestual.

Al ocuparse de la cuestión de la simbología personal en los tribunales, podríamos distinguir: jueces o magistrados, fiscales, abogados o letrados, por una parte, demandantes y demandados, por otra, y, por último, al público asistente a la vista o presente en la sala.

Respecto de los jueces, pocas han sido las situaciones en las que la simbología personal pudiera entrar en colisión con la observancia de las preceptivas normas de indumentaria. En el Reino Unido, parece pacífico que los magistrados sijs (en concreto Sir Mota Singh, ya retirado, y Sir Rabinder Singh) puedan vestir su turbante en lugar de la tradicional peluca blanca, incluso portar el kirpan, sin mayores dificultades (Gibb, 2011; Taneja, 2010). En Holanda, sin embargo, se rechazó a una estudiante de derecho para el puesto de secretaria judicial adjunta, pues declaró previamente en la entrevista de selección que no se despojaría del pañuelo islámico en las vistas: la Comisión Holandesa de Igualdad (órgano administrativo) entendió que se había producido una discriminación indirecta no justificada (Ooijen, 2012, p. 43). En Turquía, el Tribunal Constitucional ha establecido que la prohibición a las abogadas de vestir el velo islámico en estrados infringe sus derechos fundamentales (Anon, 2014). En Estados Unidos es ya habitual referirse al caso del sacerdote católico Vicent LaRocca, que ejercía como abogado en los Tribunales del Nueva York, en la década de los setenta del siglo pasado. Inicialmente, los tribunales le prohibieron actuar en estrados vistiendo el traje clerical; sin embargo, no hubo unanimidad en las distintas instancias judiciales: para algunos jueces, la presencia de un abogado-sacerdote interfería la decisión que pudiera adoptar el jurado en el proceso penal; para otros, sin embargo, el derecho fundamental de libertad religiosa amparaba al sacerdote y, en sí mismo, un traje talar nada dice del sujeto: hay buenos y malos sacerdotes, merecedores de confianza o desconfianza. Además, en el proceso de selección del jurado se puede determinar con precisión si sus miembros se verían influenciados o no en su decisión por la presencia de un abogado sacerdote católico. Finalmente, el Tribunal Federal de Apelaciones determina que la indumentaria del sacerdote no queda amparada por su derecho de libertad religiosa cuando actúa en estrados[129]. En España, la abogada Zoubida Barik Edidi acudió a una vista en la Audiencia Nacional, acompañando a otro letrado, vestida con su correspondiente toga y el hiyab. El magistrado Javier Gómez Bermúdez recordó a la abogada que no se puede ejercer la abogacía ante un tribunal español con la cabeza cubierta, invitándola a tomar asiento en la zona del público. La abogada presentó una queja ante el Consejo General del Poder Judicial, que fue archivada. Interpuso igualmente un recurso ante el Tribunal Supremo, resuelto el 2 de noviembre de 2010, desestimando por una cuestión de plazos sin entrar al fondo del asunto. A su vez, la abogada se dirige al Tribunal Constitucional en recurso de amparo; éste declara inadmisible el recurso, entendiendo que no ha habido violación de un derecho fundamental. Barik Edidi se dirige entonces al Tribunal Europeo de Derechos Humanos, quien entiende que no se ha infringido el Convenio Europeo en lo que se refiere al debido proceso judicial; todo apunta a que una cuestión de plazos (que la recurrente no observó) cierra el paso a ulteriores cosideraciones de fondo[130].

Examinemos la cuestión respecto de demandantes y demandados. En Canadá se prohibió al acusado en juicio penal portar el kirpan a la sala por motivos de seguridad[131]. En el

129 *LaRocca v. Gold*, 662 F.2d 144 (2d Cir. 1981).

130 *Barik Edidi c. Espagne* - Décision sur la recevabilité, Requête nº 21780/13, 26 avril 2016.

131 *R. v. Hothi*, [1985] 3 WWR. 256 (BR. Man.), confirmada en apelación: [1986]

Reino Unido, una demandada aparece cubierta con el niqab en proceso penal ante la Crown Court at Blackfriars el año 2013; el juez analizó la cuestión detenidamente (a partir de la doctrina del Tribunal Europeo de Derechos Humanos y de otros precedentes del Common Law) y decide que podrá permanecer en sala con él, salvo cuando se requiera su identificación y cuando deba prestar declaración[132]. En Estados Unidos, el caso *People v. Drucker*[133] admite la posibilidad de que el demandante preste declaración ante el tribunal con su indumentaria de sacerdote episcopaliano (de forma semejante, se indica, a como un policía puede declarar de uniforme). En general, puede afirmarse que los tribunales norteamericanos admiten que demandantes y demandados puedan acudir a la vista vistiendo prendas de cabeza —y no despojarse de ellas, como sería la convencional muestra de respeto[134]— salvo que esté en juego el interés de la seguridad pública en la sala[135]. Incluso en casos insólitos, como el que representa State v. Hodges[136], el Tribunal Supremo del Estado de Tennessee pide al tribunal de instancia que analice con sumo cuidado los motivos religiosos del acusado, antes de imponerle la sanción correspondiente por desacato. Según descripción de la sentencia, el acusado acude a la vista vestido con un atuendo (que dice emplear por razones religiosas) sumamente chocante y extraño, consistente en una piel marrón y blanca atada alrededor de su cuerpo (en sus tobillos, caderas y cabeza), un chaleco de pieles, y unas

3 WWR. 671 (C.A. Man.).

132 *The Queen v. D(R)*, [2013] EW Misc 13 (CC).

133 *People v. Drucker*, 418 N.Y.S.2d 744 (Crim. Ct. 1979).

134 Así, *McMillan v. State*, 265 A.2d 453 (Md. 1970), prenda de cabeza de la comunidad africana denominada Ujamma; *In re Palmer*, 386 A.2d 1112 (R.I. 1978), prenda de cabeza de un musulmán suní; *Close-It Enterprises, Inc. v. Weinberger*, 407 N.Y.S.2d 587 (App. Div. 1978), el demandado viste la kipa o yarmulke.

135 Así, *Spanks-El v. Finley*, No. 85-C9259, 1987 U.S. Dist. LEXIS 3374 (N.D. Ill. Apr. 23, 1987), affid. 845 F.2d 1023 (7th Cir. 1988), el demandante rehúsa despojarse del fez al serle requerido en el control de seguridad; en consecuencia se le denegó el ingreso en la sala.

136 *State v. Hodges*, 695 S.W.2d 171 (Tenn. 1985).

gafas de buceo; la cara y el pecho maquillados con una pintura verde muy pálida; de su cintura parecía colgar un cráneo humano y en la mano llevaba una serpiente de peluche.

Todo apunta a que los jueces y magistrados no deben tomarse a la ligera la presencia de símbolos religiosos personales en las salas de vistas: en 2006 y 2014, un mismo juez del estado de Washington fue expedientado por su conducta poco sensible hacia el vestuario religioso de público y acusados[137]; aquel «esta es mi sala y aquí mando yo» del juez Bermúdez en el caso de Zoubida Barik Edidi, parece que terminará trocándose por «esta es la sala de justicia y mandan los derechos fundamentales». En 2012, el Tribunal Supremo de Canadá rechaza la apelación de la testigo en juicio penal, que acudió vestida con niqab, del que no desea desprenderse el prestar declaración[138]. Se enfrentan, por un lado, la libertad religiosa de la testigo y el derecho de los procesados a un juicio justo, por otro. En Tribunal Supremo entiende que debe procederse a ponderar los derechos en juego, a buscar en lo posible la acomodación, sin que el derecho de libertad religiosa de la testigo prime de forma indiscriminada. En España, el mismo juez Gómez Bermúdez llegó a un acuerdo con la testigo Fátima Hssisni, hermana de un suicida que perpetró un atentado terrorista en Irak en enero de 2005, para testificar sin el burka, de espaldas al público y sin cámaras (Friedman, 2009). En Italia, se entiende exigible que el demandado se despoje del turbante en juicio penal, sin que quepa estimar indefensión al abandonar aquél la audiencia tras su negativa a descubrirse (Vázquez Gómez, 2012, p. 309–311). En 2012, un dictamen del Consejo Superior de la Magistratura italiana salva la simbología religiosa personal en las audiencias, siempre que no afecte al desarrollo de la vista; el motivo de este dictamen fue la negativa de una intérprete en una audiencia a despojarse

137 *In re Ladenburg*, (WA Commn. on Judicial Conduct, eb. 20, 2015), fecha de consulta 15 septiembre 2015, en http://www.cjc.state.wa.us/Case%20Material/2015/7599_Ladenburg_Stip_v2.pdf.

138 *R. v. N.S.*, 2012 SCC 72, [2012] 3 SCR 726.

del hiyab (Vázquez Gómez, 2012, p. 311–312). En la India se abre paso la tesis de que la libertad religiosa ampara al testigo sij que porta consigo el kirpan en la sala de vistas[139].

Respecto de la simbología religiosa en el jurado, en Alemania no hay una línea unánime respecto de la admisibilidad del hiyab (kopftuch): se enfrentan la imagen de imparcialidad que debe transmitir con la libertad religiosa de los miembros del jurado. En relación con la simbología personal del público asistente a una audiencia, el Tribunal constitucional federal alemán entendió que una reclamante vio infringido su derecho de libertad religiosa al tener que abandonar la sala en la que asistía a un juicio en el que su hijo era el procesado (Navarro-Valls y Martínez-Torrón, 2011, p. 356–357). Distinto fue el resultado para Monia Mzougli, procesada por usar el burka en la sala de un Tribunal en Cremona en el que se sustanciaba un proceso contra su esposo por terrorismo (Briones Martínez, 2009, p. 62–63).

### *6.5.6 Personas y procesos electorales*

Con anterioridad se hizo referencia a los símbolos religiosos institucionales presentes en edificios de titularidad privada que se utilizan eventualmente como colegios electorales. Allí se daba cuenta del Acuerdo de la Junta Electoral central por el que se confirma la práctica de no retirar los símbolos religiosos de las aulas escolares. Ese mismo acuerdo hace referencia a los símbolos personales estimando

> *...legítimo que las personas pertenecientes a alguna confesión religiosa vistan en la forma que usen habitualmente y porten también los signos o elementos que utilicen de la misma forma, sin que este hecho pueda considerarse constitutivo en sí mismo de campaña electoral.*[140]

139 *Singh v. State of Haryana*, (High Ct. Punjab and Haryana, March 16, 2016).

140 Junta Electoral Central, Acuerdo 9 de junio de 2004, Núm. Expediente 203/50, fecha de consulta 11 agosto 2014, en http://www.juntaelectoralcentral.es/portal/page/portal/JuntaElectoralCentral/JuntaElectoralCentral/DocJEC?_pi-

Sólo cabe plantear la hipótesis de los eventuales problemas que se podrían presentar si un elector, miembro de la mesa, interventor, etc. se presentase de forma que no pudiera ser identificado o identificada (burqa o niqab), es decir, si no es posible confirmar que la persona portadora del documento de identidad es quien dice ser. La otra posibilidad —cabe imaginar por lo que viene sucediendo en otros ámbitos, como la seguridad aeroportuaria y la atención médica— es que la mujer musulmana que acude con el rostro oculto estuviera dispuesta a ser identificada, de forma privada, por una mujer miembro de la mesa electoral. Para ambos casos, el interés de la identificación de las personas para el correcto desarrollo del proceso electoral resultaría preponderante respecto de la libertad de manifestación de las propias creencias; piénsese en la salvedad que establece el Tribunal Supremo español en su sentencia sobre el velo integral en Lérida, en la que se revisaba también la modificación del Reglamento del Servicio de Transportes Urbanos[141], estableciendo allí el interés preponderante de identificación (para el disfrute del abono de transporte municipal), que tiene una importancia menor y distinta de la que está presente en el proceso electoral. Por otro lado, a falta de adaptaciones específicas en la Ley Orgánica 3/2007, de 22 de marzo, para la igualdad efectiva de mujeres y hombres respecto de la composición de las mesas electorales[142] (que de paso garantizaría la identificación privada de musulmanas por parte de alguna mujer de la mesa electoral) o y de la Ley Orgá-

---

ref53_1181251_53_1181246_1181246.next_page=/jec/detalleDoctrina&idDoctrina=20402.

141 «La exigencia de identificación que en dicho Reglamento se establece, como control del uso de un beneficio al que la portadora del velo integral se acoge libremente, no supone limitación del ejercicio del derecho de libertad religiosa, ni supone regulación de ésta, precisada de previa regulación por ley; por lo que tiene la cobertura plena de los títulos legales que el Ayuntamiento invoca, lo que impone la desestimación del recurso de casación y la confirmación de la sentencia desestimatoria en lo concerniente a ese concreto y limitado contenido del recurso». Tribunal Supremo, Sentencia 693/2013, 11 febrero 2013, Fundamento jurídico undécimo, Roj: STS 693/2013 - ECLI:ES:TS:2013:693.

142 Ley Orgánica 3/2007, de 22 de marzo, para la igualdad efectiva de mujeres y hombres, BOE núm. 71, de 23 de marzo de 2007.

nica 5/1985, de 19 de junio, del Régimen Electoral General[143] (respecto de métodos de identificación del elector mediante huella digital) no cabe establecer procedimientos de identificación alternativos a los existentes en el ejercicio del derecho al voto.

## 6.6 El ciudadano y las cargas modales

La expedición de determinados documentos públicos por parte del Estado se encuentra sometida al cumplimiento de algunos requisitos previos, entre los que se encuentran que el interesado facilite una fotografía que cumpla con unas determinadas características. El problema más común al respecto ha sido que las condiciones establecidas para dichas fotografías entran en colisión con símbolos religiosos personales que cubren parte de la cabeza.

En el caso *Karaduman*[144], la Comisión Europea de Derechos Humanos (existente hasta la entrada en vigor del Protocolo 11 del Convenio Europeo de 1950) estima que las exigencias normativas universitarias relativas a la expedición de títulos universitarios provisionales no infringen el derecho de libertad religiosa de la demandante, que entregó una fotografía vistiendo un pañuelo que cubría cabello, orejas y cuello (y no recibió, en consecuencia, su título). Igualmente, en el supuesto Mann Singh, el Tribunal Europeo de Derechos Humanos estima que el requisito de fotografía con cabeza descubierta es una injerencia justificada en la libertad religiosa del demandante[145]. En Alemania, salvo un caso muy puntual

143 Ley Orgánica 5/1985, de 19 de junio, del Régimen Electoral General, BOE núm. 147, de 20/06/1985, artículo 85.

144 *Karaduman c. Turquie* - Décision sur la recevabilité, Requête 16278/90, 3 mai 1993, sobre el requisito de la fotografía con cabeza descubierta en la expedición de título provisional de graduada en armacia en la Universidad de Ankara; en sentido semejante, *Emine Araç v. Turkey*, no. 9907/02, ECHR 2008, sobre fotografía con cabeza descubierta como requisito para matricularse en la Universidad de Marmara.

145 *Mann Singh c. France* - Décision sur la recevabilité, Requête no 24479/07, 13 novembre 2008, sobre el requisito de fotografía con cabeza descubierta en la

de una iraní conversa al cristianismo, parece que las autoridades administrativas admiten la posibilidad de fotografías con cabeza cubierta (Robbers, 2006, p. 289–290). Italia se ha mostrado igualmente flexible respecto de las fotografías para documentos de identidad (cédula de identificación, pasaporte, permiso de conducir y tarjeta de residencia), siempre que el rostro aparezca descubierto, asimilando quizá de modo implícito las nuevas situaciones que se presentan con las ya existentes respecto de las mujeres católicas pertenecientes a órdenes y congregaciones religiosas (Aláez Corral y Ruiz Ruiz, 2014, p. 60–61; Vázquez Gómez, 2012, p. 214–220). En Estados Unidos, en la medida en que los permisos de conducción de vehículos son el medio de identificación habitual, y teniendo en cuenta que su expedición es competencia de los Estados, es fácil comprender la dificultad de concluir una línea uniforme de regulación en este tema: fuera del caso puntual de fotografía vistiendo el niqab[146], donde el interés de identificación resulta preponderante, los demás casos polémicos versan sobre permisos de conducción sin fotografía (por motivos religiosos) con resultados dispares[147].

En España, la regulación actual relativa al Documento Nacional de Identidad resulta restrictiva («cabeza totalmente descubierta y sin gafas de cristales oscuros o cualquier otra prenda que pueda impedir o dificultar la identificación de la persona»)[148]. Por contra, la regulación relativa a la expedición del

expedición de un duplicado del permiso de conducir de un ciudadano francés sij.

146 *Freeman v. State*, not reported in So.2d, 2003 WL 21338619, la.Cir.Ct., 2003. Cfr. (Oren, 2005) La demandante pretende ser fotografiada vistiendo el niqab; el Estado le ofrece ser fotografiada sin velo por una mujer en una habitación privada.

147 *Bureau of Motor Vehicles v. Pentecostal House of Prayer*, 380 N.E.2d 1225 (1978); *Johnson v. Motor Vehicles Division, Colo.*, 593 P.2d 1363 (1979); *Jensen v. Quaring*, 472 U.S. 478 (1985).

148 Artículo 5 del Real Decreto 1553/2005, de 23 de diciembre, por el que se regula la expedición del documento nacional de identidad y sus certificados de firma electrónica, BOE núm. 307, de 24 de diciembre de 2005; Real Decreto 1586/2009, de 16 de octubre, por el que se modifica el Real Decreto 1553/2005, de 23 de diciembre, por el que se regula la expedición del Documento Nacional de Identidad y sus certificados de firma electrónica, BOE núm. 265, de 3 de

Pasaporte ordinario[149] admite la posibilidad de fotografías sin cabeza descubierta. Con motivo de la Recomendación del Defensor del Pueblo 156/2007, de 20 de diciembre, sobre supresión de la exigencia de presentación de un certificado de pertenencia a un culto religioso[150], se puso de manifiesto que los servicios de expedición del Documento Nacional de Identidad admitían las fotografías efectuadas con velo, siempre y cuando el óvalo del rostro apareciera totalmente descubierto desde el nacimiento del pelo hasta el mentón, de forma que no impida o dificulte la identificación de la persona. Por su parte, la Dirección General de Tráfico, para la expedición del Permiso de conducción de vehículos, tampoco exige fotografía con la cabeza totalmente descubierta:

> *Cuando se trate de solicitantes que por su religión lleven el cabello cubierto, se admitirán las fotografías con velo, siendo la única limitación para su admisión, que el óvalo del rostro aparezca totalmente descubierto desde el nacimiento del pelo hasta el mentón, de forma que no impida o dificulte la identificación de la persona*[151].

En Canadá se ha resuelto judicialmente, en virtud de lo dispuesto en la Carta Canadiense de Derechos y Libertades de

---

noviembre de 2009.

149 Artículo 4 del Real Decreto 896/2003, de 11 de julio, por el que se modifica el Real Decreto 896/2003, de 11 de julio, por el que se regula la expedición del pasaporte ordinario y se determinan sus características. Real Decreto 411/2014, de 6 de junio, por el que se modifica el Real Decreto 896/2003, de 11 de julio, por el que se regula la expedición del pasaporte ordinario y se determinan sus características, BOE núm. 154, de 25 de junio de 2014.

150 Recomendación 156/2007, de 20 de diciembre, sobre supresión de la exigencia de presentación de un certificado de pertenencia a un culto religioso, para la admisión de fotografías con velo a documentos de identidad oficiales (BOCG. Cortes Generales. IX Legislatura. Serie A. Núm. 14, págs. 494-495), fecha de consulta 18 agosto 2014, en http://www.defensordelpueblo.es/es/Documentacion/Publicaciones/Recomendaciones/Documentos/Recomendaciones2007.pdf.

151 Ministerio del Interior, Dirección General de Tráfico, *Nota Informativa. Obtención del permiso de conducción*, fecha de consulta 18 agosto 2014, en https://sede.dgt.gob.es/Galerias/tramites-y-multas/permiso-de-conduccion/expedicion/09_Obtencion_PC.pdf.

1982 (secciones 2.1 y 15), la obtención del certificado de ciudadanía a favor de una mujer musulmana sin necesidad de que preste juramento con el rostro descubierto (en este caso, sin vestir el niqab[152]). La resolución judicial ha avivado el debate político en medio de un clima gubernamental favorable a la neutralización laica del espacio público en la provincia de Quebec.

Por último, señalemos que en varios países occidentales los pastafarianos han visto reconocida la posibilidad de aparecer en las fotografías de los documentos oficiales cubiertos con un utensilio de cocina, un colador metálico (o de otro material) de los que se emplean para separar la pasta del agua hervida. Se trata de un episodio más de la ya larga serie de casos en los que se ha puesto a prueba el concepto formal de religión al que se acoge el derecho de muchos países occidentales, originando resultados contrarios al sentido común y desconcertantes para la opinión pública.

## 6.7 Empleados y empleadores

En el ámbito empresarial y laboral, la simbología religiosa personal puede afectar tanto a los empleadores como a los empleados. Respecto de los primeros, y evitando introducirnos en el amplio campo de la libertad religiosa negativa de los trabajadores (i.e. oraciones antes de la jornada laboral, obligación o no de asistir a determinados actos religiosos, límites a las exigencias de las empresas de tendencia, etc.), la colisión entre la simbología personal del empleador y los derechos del trabajador se resolvería en la prohibición del proselitismo sirviéndose de las relaciones de jerarquía o autoridad. Pero es el segundo caso, el de los empleados, el que más ha atraído la atención de los parlamentos, los tribunales y la doctrina académica. Cierta-

152 *Ishaq v Canada (Minister of Citizenship and Immigration)*, 2015 FC 156, fecha de consulta 15 septiembre 2015, en http://www.canlii.org/en/ca/fct/doc/2015/2015fc156/2015fc156.pdf. *Canada v Ishaq*, 2015 FCA 194, fecha de consulta 6 junio 2016, en http://www.canlii.org/en/ca/fca/doc/2015/2015fca194/2015fca194.pdf.

mente, aun cuando los problemas son muy similares de un país a otro, los instrumentos jurídicos empleados difieren en aspectos importantes. Así, por ejemplo, para la tradición angloamericana ejerce una importancia nada despreciable las categorías de discriminación directa e indirecta en el trabajo, por motivos religiosos, étnicos, etc., junto con la consolidada categoría de la «adaptación» (accommodation) a la libertad religiosa del empleado.

Quizá convenga explicar qué se entiende por discriminación directa y por discriminación indirecta. De entrada, recordemos que discriminación es toda diferencia de trato no justificada; la justificación, en el ámbito laboral, viene marcada por elementos tales como las cualidades exigidas para el desempeño del puesto, el calendario laboral, la legítima autonomía en la organización empresarial, etc. Hay discriminación directa cuando una persona ha sido o pudiera ser tratada de forma menos favorable que otra en situación comparable, siendo la diferencia de trato atribuible a la religión: discrimina el empresario que sólo contrata empleados cristianos o ateos. La discriminación indirecta se produce cuando una disposición, criterio o práctica, aparentemente neutros (es decir, que no guardan relación con la religión) puede ocasionar una desventaja particular a personas de una determinada religión respecto de otras personas; con todas las limitaciones de un ejemplo: discrimina el empresario que sólo contrata personas dispuestas a trabajar en sábado (excluyendo entonces a potenciales trabajadores judíos) aun cuando el calendario laboral se extienda a toda la semana o admita turnos de rotación.

En el derecho continental-europeo aparece con frecuencia en los litigios la valoración del derecho fundamental de libertad religiosa del empleado, así como otros elementos tales como la buena fe contractual, el poder directivo o de organización (como parte de la libertad de empresa), el ideario de la empresa de tendencia (en su caso), etc., sin que parezca determinante la jerarquización de la libertad religiosa (un derecho fundamental) por encima de la libertad empresarial.

A veces ni siquiera es necesario que haya dado comienzo la relación laboral para poder apreciar la importancia de la simbología personal religiosa en el mundo del trabajo. En este punto es referencia obligada, por tratarse de un caso reciente en el Reino Unido, la estimación de discriminación indirecta de la empleadora contra una aspirante a un puesto de trabajo en una peluquería, con el resultado de una sustancial indemnización que debía pagar la primera a la segunda[153]. También resultó de gran impacto mediático el caso decidido en junio de 2015 por el Tribunal Supremo de los Estados Unidos, que enfrentó a la Agencia federal de igualdad en el empleo con la empresa de moda Abercrombie & Fitch[154]. Conforme a esta sentencia, la legislación americana contra la discriminación laboral prohíbe al posible empleador rechazar a una solicitante de empleo ante la perspectiva de tener que adaptarse a la práctica religiosa de esa solicitante. En este caso, el entrevistador para el empleo (y sus inmediatos superiores) rechazaron contratar a Samantha Elauf, musulmana, pensando que el pañuelo de cabeza que portaba la candidata podría entrar en conflicto con la política de vestuario de los trabajadores de las tiendas, que excluye las gorras o prendas de cabeza (sin más definición).

Ante una relación laboral futura o ya establecida, la simbología religiosa plantea al empleador una limitación del alcance de la organización de su empresa. La doctrina angloamericana utiliza el término undue hardship para referirse a ese gravamen excesivo o indebido que la empresa no tiene por qué soportar en el hipotético intento de adaptarse a las necesidades del trabajador, habida cuenta de que existe también por medio, en ocasiones, la denominada —con este

153 *Noah v Desrosiers* [2008] UKET 2201867/07, 29 May 2008: constituye discriminación indirecta rechazar a una solicitante de trabajo en una peluquería de señoras porque es musulmana y viste habitualmente velo islámico.

154 *E.E.O.C. v. Abercrombie & Fitch Stores, Inc.*, 135 S.Ct. 2028, __ U.S.,2015, June 01, 2015.

o con otros términos semejantes[155]— bona fide occupational qualification, es decir, unos requisitos esenciales imprescindibles para ocupar el puesto de trabajo.

¿Qué elementos constituyen esa legítima limitación de los símbolos religiosos del trabajador? ¿La uniformidad en la vestimenta? ¿La imagen corporativa que se proyecta hacia los clientes o consumidores? ¿Las normas de seguridad en el empleo? ¿Las exigencias de higiene y salud? Como podrá comprenderse, resulta casi imposible intentar una síntesis que ofrezca un modelo acabado de solución. No obstante, sí que se puede ofrecer una cierta orientación, a partir de algunas experiencias nacionales.

Respecto de la uniformidad en la empresa, los símbolos religiosos personales pueden alterar la misma por supresión, por sustitución de alguno de sus elementos, o por adición del símbolo religioso a los elementos obligatorios o admitidos. De entrada —sirva de ejemplo España— la uniformidad forma parte del derecho de organización empresarial y sus límites se encuentran en que no se atente contra la dignidad y el honor del trabajador[156].

---

155 Así, por ejemplo, la Directiva 2000/78/CE del Consejo, de 27 de noviembre de 2000, relativa al establecimiento de un marco general para la igualdad de trato en el empleo y la ocupación, DOUE núm. 303, de 2 de diciembre de 2000, establece el mismo concepto en su artículo 4. «1. No obstante lo dispuesto en los apartados 1 y 2 del artículo 2, los Estados miembros podrán disponer que una diferencia de trato basada en una característica relacionada con cualquiera de los motivos mencionados en el artículo 1 no tendrá carácter discriminatorio cuando, debido a la naturaleza de la actividad profesional concreta de que se trate o al contexto en que se lleve a cabo, dicha característica constituya un requisito profesional esencial y determinante, siempre y cuando el objetivo sea legítimo y el requisito, proporcionado.»

156 Tribunal Supremo, Sentencia 308/2001, de 23 de enero, Roj: STS 308/2001 - ECLI:ES:TS:2001:308, sobre un pretendido derecho a que las azafatas del Tren de Alta Velocidad (AVE) puedan optar en la uniformidad entre usar falda o pantalón: «no parece que las reglas adoptadas por RENFE respecto a la uniformidad referida a las trabajadoras del Tren de Alta Velocidad (AVE) sean atentatorias a los derechos fundamentales o dignidad del trabajador, siendo de resaltar que medidas singulares sobre el traje a utilizar en el desarrollo del trabajo se suelen adoptar con respecto al personal de ciertos sectores laborales, como hostelería, compañías de líneas aéreas, compañías de publicidad, etc. La cuestión suscitada, asumida en una relación laboral voluntaria y libremente concertada, pudiera encontrar otra vía de solución en el campo negocial, en cuya esfera se podría llegar

Cuando lo que está en juego es la imagen corporativa de la empresa, se intenta llegar a un acuerdo con el trabajador consistente en la asignación a puestos en los que no haya trato directo con los clientes. Puede ser una solución satisfactoria, si bien entra en crisis allí donde las condiciones salariales o de promoción se ven mermadas (Aliadi, 2012).

Respecto de la adición de elementos de simbología religiosa, dos son los ejemplos destacables, que se resuelven en la misma dirección, si bien partiendo de situaciones distintas. Cronológicamente, el primero de ellos proviene del Tribunal Constitucional alemán[157], confirmando la sentencia de instancia que declaraba improcedente el despido de una trabajadora de la sección de perfumería de unos grandes almacenes, que vestía velo islámico. La posición del tribunal se centra en buena medida en la falta de demostración del perjuicio económico para la empresa frente a libertad religiosa de la trabajadora. Otro caso de adición de elementos de simbología religiosa a la uniformidad es el que fue objeto de la sentencia del Tribunal Superior de Justicia de Baleares en relación con el uso de la kipá por parte de un conductor judío de la empresa municipal de transportes[158]: no existiendo ningún daño o menoscabo a la imagen de la empresa, se confirma la sentencia de instancia que declara el derecho del conductor a cubrir su cabeza con gorra.

Sin embargo, en materia de adición de símbolos personales, es el caso *Eweida*[159] del Tribunal Europeo de Derechos Humanos el que ha concentrado la opinión jurídica internacional. La sentencia agrupaba dos tipos distintos de supuestos:

---

a establecer un Reglamento de Uniformidad, conforme a la misión asignada a las Comisiones *ad hoc*, instauradas en los sucesivos Convenios Colectivos de RENFE, a que antes se ha hecho referencia» (Fundamento jurídico tercero).

157 Bundesverfassungsgericht, 1 BvR 792/03.

158 Tribunal Superior de Justicia de Baleares, Sentencia 457/2002 de 9 septiembre. Empleo de gorra por un conductor contra de la uniformidad de la empresa autobuses municipales.

159 *Eweida and Others v. the United Kingdom*, nos. 48420/10, 59842/10, 51671/10 and 36516/10, ECHR 2013.

simbología personal, por un lado, y objeciones de conciencia, por otro. Fijemos nuestra atención exclusivamente en los dos casos de simbología personal.

Nadia Eweida trabajaba en los mostradores de facturación de British Airways. Con motivo de un cambio en la uniformidad de la compañía, quedaba al descubierto una cruz al cuello que vestía habitualmente. Tal accesorio contravenía las normas de uniformidad de la compañía, que exige expresa aprobación para las excepciones (concedidas anteriormente a miembros del personal de la compañía aérea, pertenecientes a comunidades sijs y musulmanas). Tras aplicar la normativa interna sancionadora, British Airways ofreció a la demandante ocupar un puesto sin atención al público, manteniendo el sueldo, propuesta que Eweida rechaza. Acude sin éxito a los tribunales internos. Mientras suceden estos hechos, la compañía aérea cambió su política de vestuario, resultando ésta más sensible a las necesidades religiosas de los empleados. Finalmente Eweida presenta su caso al Tribunal Europeo de Derechos Humanos.

El otro supuesto fallado en la misma sentencia se desarrolla en el ámbito sanitario. Shirley Chaplin es enfermera. Trabajaba para un hospital público, el Royal Devon and Exeter NHS Foundation Trust. Un cambio de uniformidad de las enfermeras del hospital conllevó que la cruz que llevaba con una cadena al cuello quedara al descubierto, contraviniendo así las normas establecidas para la protección de la salud y la seguridad de los pacientes. Se intenta llegar a una fórmula de compromiso que la enfermera no acepta. Alegando discriminación en el empleo, recurrió sin éxito a los tribunales. Al igual que Eweida, Chaplin presenta su caso ante el Tribunal de Estrasburgo. Éste falla a favor de Eweida, pero no a favor de Chaplin.

En el caso de Nadia Eweida, cabe señalar que hay dos elementos incidentales que propician la decisión final en favor de la reclamante, que deseaba mantener a la vista la cadena al cuello con un crucifijo: la acomodación ya existente para los símbolos religiosos de empleados pertenecientes a otras confesiones religiosas, y el cambio que se produjo en la normativa interna de la compañía respecto de la admisibilidad de símbolos personales. Ante estos dos elementos, el Tribunal Europeo de Derechos Humanos estima que se ha otorgado demasiado peso al interés de la empresa de mantener a toda costa la imagen corporativa. El caso *Eweida* apunta un nuevo criterio de revisión del choque entre las creencias del trabajador y la libertad de empresa. Hasta esa sentencia se consideró válido el principio conforme al cual, si se producía una colisión entre las creencias del trabajador y el régimen de la empresa, la posibilidad por parte del trabajador de renunciar al puesto significaba que no existía injerencia en el artículo 9. Es decir: el principio base se resumía en el aforismo «a mi manera o carretera» (my way or highway): frente a las exigencias del empresario, que puedan afectar a la libertad religiosa del trabajador, la única alternativa es que éste último abandone el trabajo. Este mismo criterio de las alternativas posibles se encontraba latente en otras decisiones, como *Dahlab*[160] y *Begum*[161], reseñadas anteriormente. Sin embargo, la sentencia en el caso *Eweida* va más allá y apuesta por el principio de concordancia práctica o de proporcionalidad de la medida adoptada (Hill, 2013, p. 197).

Distinta fue la suerte para Shirley Chaplin: se trataba sólo de la adición al uniforme de enfermera de una pequeña cruz al cuello, pero en su caso la salud y seguridad del personal sanitario y de los enfermos se entiende muy relevante, conforme a la valoración de su alcance por parte de las autoridades nacionales, valoración que el Tribunal Europeo de Derechos Humanos considera que debe respetar.

160 «Le gouvernement considère que la formation de la requérante lui permet d'enseigner à des enfants âgés de quatre à huit ans et qu'elle a par conséquent la possibilité d'exercer sa profession dans les écoles privées, auniveau des classes enfantines, qui sont nombreuses dans le canton de Genève et pour lesquelles l'obligation de laïcité ne s'applique pas.» *Dahlab v. Switzerland* (dec.), no. 42393/98, §1, ECHR 2001-V.

161 «It is also clear that there were three schools in the area at which the wearing of the jilbab was permitted. The respondent's application for admission to one of these was unsuccessful because the school was full, and it was asserted in argument that the other two were more distant. There is, however, no evidence to show that there was any real difficulty in her attending one or other of these schools, as she has in fact done and could no doubt have done sooner had she chosen». *R (on the application of Begum) v Headteacher and Governors of Denbigh High School* [2006] UKHL 15, par. 25.

Respecto de la supresión o alteración de la uniformidad, el caso español más destacado se resolvió mediante sentencia del Tribunal Superior de Justicia de Madrid[162]: una trabajadora de las tiendas del aeropuerto de Madrid solicita (tiempo después de haber sido contratada) una modificación de la uniformidad prevista en razón de su condición de musulmana. Puesto que tal condición se hace conocer a la empresa tras la celebración del contrato, entiende el Tribunal que la empleada ha faltado a la buena fe negocial y no queda la empresa obligada a la adaptación a esa solicitud y a las demás que presentó. Una reciente sentencia norteamericana de la jurisdicción estatal de Missouri establece el derecho de un trabajador del taxi a eludir, por motivos religiosos, la uniformidad (camisa blanca y pantalón negro) impuesta por la Comisión Metropolitana del Taxi que previamente había sancionado al conductor privándole de la licencia e imponiéndole una multa (Friedman, 2015b).

En Francia, la Corte de Casación ha tenido oportunidad de pronunciarse acerca de la simbología religiosa en la empresa[163]. Se trata de un supuesto muy especial: la empleada en un jardín de infancia (*Baby Loup*) pretende vestir el hiyab; la empresa entiende que no es admisible y procede al despido. En circunstancias normales, una empresa no puede despedir a su trabajador alegando el principio de neutralidad y laicidad, tal como podría suceder en puestos de la administración pública. Sin embargo, los estatutos del jardín de infancia, modificados en 2003, dispusieron que la libertad de conciencia del personal de la empresa no puede interferir con los principios de laicidad y neutralidad que se aplican al ejercicio de todas las actividades programadas de la guardería. La empleada, sin embargo, observó una conducta contraria (portar símbolos religiosos personales) de la que se le

162 Tribunal Superior de Justicia de Madrid, Sentencia 776/1997, de 27 de octubre. Solicitud de acomodación del empleador a las necesidades religiosas de la trabajadora cuya afiliación religiosa se da a conocer tras la celebración del contrato.

163 Cour de Cassation, Arrêt n° 612 du 25 juin 2014 (13-28.369) Assemblée Plénière - ECLI:R:CCASS:2014:AP00612.

advirtió, y que no modificó. La situación aproxima el caso a las exigencias peculiares de las empresas de tendencia, si bien la Corte de Casación entiende que no estamos propiamente ante ese tipo de empresa. En cualquier caso, el recurso de la trabajadora no prosperó.

En 2015 la Corte de Casación francesa ha planteado al Tribunal de la Unión Europea una cuestión prejudicial (Bougnaoui y ADDH) sobre la interpretación del artículo 4, apartado 1, de la Directiva 2000/78/CE del Consejo, de 27 de noviembre de 2000 (relativa al establecimiento de un marco general para la igualdad de trato en el empleo y la ocupación). En concreto, se pregunta si el deseo del cliente de una compañía tecnológica de no recibir en el futuro el servicio por parte de una empleada de dicha compañía que porta el velo, configuraría un «requisito profesional esencial y determinante»[164] que excluye la discriminación. No es difícil concluir que, al margen de la cuestión prejudicial y su resultado, nos movemos en un terreno particularmente complejo en el que se dan cita el derecho del empresario a no sufrir perjuicio económico por dar espacio a la diversidad, la traslación de la neutralidad estatal al ámbito de la empresa como nueva forma de expresión de idearios o, quizá, el peligro de enmascaramiento, bajo la fórmula del requisito profesional esencial y determinante, del prejuicio social.

Ciertamente, el principio de neutralidad aplicado al vestuario laboral parece ir trasladándose del ámbito de la función pública al de la empresa privada. En 2016 la Unión Europea se encuentra ante un caso (parecido al anterior) ocurrido en Bélgica, pendiente de sentencia del Tribunal de la Unión Europea, pero del cual ya tenemos importantes datos jurídicos en razón de las conclusiones de la abogada general[165]. Aclare-

164 Petición de decisión prejudicial planteada por la Cour de cassation (Francia) el 24 de abril de 2015 — Asma Bougnaoui, ADDH — Association de défense des droits de l'homme / Micropole Univers SA (Asunto C-188/15).

165 Conclusiones de La Abogado General Sra. Juliane Kokott de 31 de mayo de 2016, Asunto C–157/15 -- Samira Achbita y Centrum voor gelijkheid van kansen en voor racismebestrijding contra G4S Secure Solutions NV.

mos que los abogados generales son letrados del Tribunal de la Unión Europea que aportan su opinión de forma independiente. Y sus denominadas conclusiones son informes jurídico previos a la sentencia del Tribunal de la Unión Europea en la cuestión prejudicial, que nos sirven como orientación (en un alto tanto por ciento de casos) para saber de antemano cómo decidirá el Tribunal. Volviendo a este caso belga, el supuesto es el siguiente: G4S es una empresa de servicios de seguridad y vigilancia que ha establecido en su reglamentación que los trabajadores no pueden llevar en el trabajo símbolos visibles, ya sean religiosos, políticos o filosóficos. Samira Achbita es musulmana, lleva años trabajado para G4S sin portar símbolos religiosos personales en el trabajo, pero en 2006 plantea a la empresa que en adelante llevará velo. La dirección de la empresa le contesta que su conducta sería contraria a la política de neutralidad. Tras un periodo de baja laboral, Achbita comunica que reanudará su actividad laboral portando velo. Casi un mes después, la empresa despide a la trabajadora; ésta se dirige a la justicia belga solicitando daños y perjuicios, así como que se declare que ha sido discriminada. Los tribunales belgas plantean precisamente al Tribunal de la Unión Europea si hay discriminación directa por motivos religiosos, conforme al derecho comunitario, si la norma empresarial debatida prohíbe a todos los trabajadores llevar al lugar de trabajo signos externos de convicciones varias, no sólo religiosas. Pues bien: la abogada general estima que en este caso no hay discriminación directa y que, de haberla indirecta, estaría justificada para hacer efectiva una política de neutralidad religiosa y de creencias obligatoria para los trabajadores de la empresa. Sin entrar en más detalles, parece claro que en el supuesto no hay discriminación directa. También lo es que el suspuesto podría constituir una forma de discriminación indirecta; lo que no resulta tan claro —en contra de lo que estima la abogada general— es que esa discriminación indirecta esté justificada, en la medida en que la neutralidad adoptada por la empresa no es un «requisito esencial y determinante» del servicio que presta una compañía de seguridad y vigilancia. La propia abogada general reconoce en sus conclusiones que «[s]i bien la actividad de recepcionista [que suponemos era la encomendada a Achbita] puede desempeñarse igual de bien con velo que sin él, también es cierto que puede formar parte del contexto en el que se lleva a cabo observar las normas de indumentaria impuestas por el empresario (...) de manera que la trabajadora desarrolla su trabajo en un contexto en el que debe renunciar a su velo». No queda claro que el trabajo asignado deba, de suyo, desenvolverse en un ámbito de neutralidad, sino es por la decisión de la empresa, decisión que es precisamente lo que debiera debatirse (y se debate en otros ámbitos como la raza o la etnia); las conclusiones, por el contrario, hacen predominar el «margen de apreciación empresarial» fundado en el derecho fundamental de libertad de empresa.

La amplia experiencia acerca de los potenciales problemas que pueden surgir en el empleo de trabajadores sijs en las empresas británicas ha llevado a la *Equality and Human Rights Commission* (organismo dependiente del Parlamento británico) a elaborar una guía que oriente a empleadores y a los distintos organismos de la administración pública acerca del modo legítimo de proceder respecto de las distintas situaciones conflictivas que pudieran presentarse[166].

Las normas de seguridad y salubridad en el empleo presentan quizá uno de los intereses más fuertes frente a la libertad religiosa del trabajador. No se trata desde luego del establecimiento de una especie de «malla paternalista» que proteja al trabajador contra su voluntad, sino que está en juego también la responsabilidad económica de la empresa por accidentes, enfermedades laborales o previsión de riesgos. Ahora bien: una vez que se ha comprobado la existencia de este interés merecedor de alta consideración, no cabe duda de que el juicio de proporcionalidad acerca de las limitaciones a

166 Equality and Human Rights Commission, *Guidance on the wearing of Sikh articles of faith in the workplace and public spaces*, 2010, fecha de consulta 1 agosto 2014, en http://www.equalityhumanrights.com/sites/default/files/documents/publications/sikh_articles_of_faith_guidance_final.pdf.

los derechos fundamentales obliga a comprobar si la norma que prohíbe determinados símbolos personales, por poner en peligro la seguridad personal o de la empresa, es el medio menos restrictivo posible de la libertad, de forma que no quepa adaptación o acomodación de la empresa a las necesidades del trabajador. En el caso *Bhinder*, ante el Tribunal Supremo de Canadá, se establece la ausencia de discriminación en el empleo al exigir al trabajador sij utilizar el casco: su uso es un requerimiento del trabajo válido (bona fide occupational qualification) que justifica el trato dispensado al trabajador (Navarro-Valls y Martínez-Torrón, 2011, p. 364–365). La misma medida de seguridad en el empleo se impone en el caso *Bhatia*, al exigirse al trabajador sij mascarilla de protección de los gases tóxicos, que el trabajador no puede fijar herméticamente por la barba que deja crecer[167]. En el Reino Unido, la seguridad en el trabajo parece aquilatarse mucho más frente a la libertad del trabajador, de forma que la Deregulation Act de 2015 ha eximido a los trabajadores sijs de la obligación de usar el casco de seguridad en la mayoría de los puestos o lugares de trabajo[168].

Respecto de la higiene en el empleo, son de referencia habitual los casos del Reino Unido en el sector alimentario Singh y. Lyons Maid (fabricación de helados)[169,] Singh v Rowntree MacKintosh Ltd. (fabricación de dulces varios)[170],

167 *Bhatia v Chevron USA., Inc.*, 734 F.2d 1382 (9th Cir. 1984).

168 *Deregulation Act 2015*, Sec. 6 & 7, fecha de consulta 5 octubre 2015, en http://www.legislation.gov.uk/ukpga/2015/20/section/6/enacted. La responsabilidad por accidentes laborales derivados de no usar el casco no será exigible al empleador. No se aplica la exención del uso del casco en determinados servicios de emergencia (bomberos en acciones que entrañen graves riesgos), en determinadas misiones en el ejército (como la desactivación de bombas) o en trabajos que exijan la protección integral del cuerpo (manejo de sustancias peligrosas).

169 *Singh y. Lyons Maid Ltd.*, [1975] I.R.L.R. 328, 1975 WL 44706, Industrial Tribunal, 01 January 1975. El trabajador sij rehúsa el afeitado de la barba.

170 *Singh v. Rowntree Mackintosh Ltd.*, [1979] I.C.R. 554, 1979 WL 167893, Employment Appeal Tribunal, 16 March 1979. Mismo supuesto que en el caso anterior.

Panesar v Nestle Co. Ltd. (fabricación de chocolates)[171]. Más discutible podría ser la exigencia de higiene en el caso norteamericano EEOC v. Sambo´s of Georgia, dado que se trata de una norma genérica, no relativa a la manipulación de alimentos[172].

## 6.8 Y el deporte

El deporte también ha sido un ámbito en el que los símbolos religiosos personales e institucionales han sido protagonistas de diversos sucesos en los que las creencias del deportista entran en colisión con la imagen que desea proyectar el equipo o la organización en la que el deporte concreto se incardina (Minteguía Arregui, 2013, p. 191–193).

Durante largo tiempo, el deporte se concibió como un área de la sociabilidad humana de carácter neutral, en el que los valores que se pretendían fomentar eran la lealtad, la corrección, el juego limpio y la fraternidad humana a través de la neutralización de las diferencias, también las religiosas. En consecuencia, por ejemplo, las Reglas de juego de la Federación Internacional de Fútbol (FIFA) para 2013/2014, en su Regla 4 (el equipamiento de los jugadores) Decisión 1 establece: «Los jugadores no deberán mostrar al público ropa interior con lemas o publicidad. El equipamiento básico obligatorio no deberá tener mensajes políticos, religiosos o personales»[173]. Esta regla confirma a su vez lo establecido por el Reglamento de equipamiento de los jugadores, el cual

171 *Panesar v. Nestle Co. Ltd.* [1980] I.C.R. 144, 1980 WL 148388, Court of Appeal (Civil Division), 27 November 1979. Mismo supuesto que en el caso anterior.

172 *EEOC v. Sambo´s of Georgia, Inc.*, 530. Supp. 86 (N.D. Georgia 1981). La cuestión central radica en que la demanda versa sobre el «disparate treatment» no demostrable hacia un grupo religioso o étnico. Distinto el resultado en la sentencia *LOOC, Inc. v. Kohli*, 347 Md. 258, 701 A.2d 92 Md.,1997, en la se vio envuelta la famosa cadena de restaurantes de comida rápida Domino's Pizza en un litigio muy prolongado en el tiempo.

173 FIFA, *Reglas de juego 2013/2014*, p. 23, fecha de consulta 19 agosto 2014, en http://es.fifa.com/mm/document/footballdevelopment/refereeing/81/42/36/log2013es_spanish.pdf.

—tras establecer un concepto preciso de símbolo religioso a los efectos de esta normativa[174]— excluye el mismo en los elementos decorativos de la uniformidad (8.4), y de la publicidad que puede aparecer en dicha uniformidad (54.1). La prohibición de los símbolos religiosos de carácter institucional se remonta al año 2007.

En los últimos años, al intensificarse las peticiones de deportistas profesionales de todo el mundo para poder seguir sus normas religiosas, sin contravenir las deportivas y manteniendo su participación en las distintas competiciones, se han modificado ad casum las reglas de las organizaciones para alcanzar una cierta «adaptación razonable» (Fiorita, 2014). Dicha adaptación, a mi modo de ver, debe tener como límite el normal desarrollo del juego y la seguridad de sus participantes[175]. En tal sentido, desde 2012 se admitirían ad experimentum los pañuelos de cabeza en el fútbol (CBCNews, 2012), en la medida en que no afectan a dicha seguridad, y en 2008 se permitió el velo islámico a Hamide Tosun, atleta turca de taekwondo. También se produjo una cierta adaptación en el vestuario de los atletas con motivo de los juegos olímpicos de Londres (O'Mahony, 2012). Desde 2013, la FIFA ha autorizado que los jugadores sijs de la liga de fútbol canadiense puedan vestir el turbante (Canadian Press, 2013). La FIBA, a su vez, ha permitido ad *experimentum* que las jugadoras de baloncesto puedan emplear turbantes y hijabs (Associated Press, 2014).

---

174 «Símbolo religioso: cualquier símbolo, incluidos arquetipos u obras de arte de una religión utilizados para representar una religión o una inclinación religiosa, a excepción de los símbolos que forman parte de una bandera nacional o del emblema oficial de una asociación miembro del país correspondiente.» FIFA, *Reglamento de Equipamiento*, p. 13, fecha de consulta 19 agosto 2014, en http://es.fifa.com/mm/document/tournament/competition/51/54/30/equipment_reg_26032010_es.pdf.

175 Esta es la orientación adoptada en el caso estadounidense *Moshe Menora v. Illinois High School Association*, 683. 2d 1030 (7th Cir. 1982).

# 7. CONCLUSIONES

De las páginas precedentes puede deducirse que los símbolos religiosos constituyen una categoría sustantiva de estudio, como consecuencia del tratamiento unitario que los tribunales de justicia, las leyes y la doctrina académica de muchos países han dado a la cuestión.

A ese tratamiento unitario, sin embargo, no responde un concepto de símbolo religioso conforme con los presupuestos etimológicos o filosóficos. Particularmente en relación con los símbolos religiosos personales, la denominación se ha consolidado en virtud del tratamiento jurídico específico —o de la óptica peculiar a la hora de establecer una categoría de análisis—propiciado por el derecho. Hay, por tanto, algo de convencional en el empleo del término «símbolo religioso».

La aproximación jurídica teórica y práctica a esta cuestión ha ido elaborando —de forma reflexiva, en ocasiones, de forma espontánea, en otras— una clasificación de los símbolos religiosos con el fin de explicar o justificar las soluciones a determinados conflictos, o bien con el propósito de exponer de forma lógica las distintas manifestaciones del fenómeno. De todas estas clasificaciones, resulta la más sencilla y mejor conectada con las grandes líneas de fuerza que recorren este tema aquella que distingue los símbolos religiosos personales y los símbolos religiosos institucionales.

Esas líneas de fuerza a las que se acaba de hacer referencia son el derecho fundamental de libertad religiosa y el principio de neutralidad religiosa e ideológica del Estado. En este libro se ha dado cuenta de forma sintética de la conexión existente entre los símbolos religiosos como manifestación de las creencias protegidas por la libertad religiosa, así como de los límites (tal vez más flexibles, o quizá menos nítidos de lo que a primera vista pudiera parecer) que la neutralidad impone a la visibilidad de elementos religiosos en la esfera pública. Sin ser una síntesis definitiva, no es desacertado admitir que

> *[s]i algo queda claro en el tema de la simbología, como en cualquier otro aspecto relativo al derecho de libertad religiosa, es que todo depende de la percepción que se tenga de la libertad (positiva o negativa) y de la valoración (también positiva o negativa) que se haga de la religión.* (Rubio López, 2010, p. 7)

Son múltiples y variados los escenarios en los que los símbolos religiosos institucionales pueden presentarse. La experiencia jurídica española y comparada permite sintetizar algunos criterios que orientan la solución más justa de los conflictos que se han planteado. Y, sin embargo, es importante no perder de vista el contexto espacial, temporal, cultural, etc. a la hora de entender los problemas y las soluciones jurídicas otorgadas. Por debajo del oleaje del conflicto que no pocos símbolos institucionales parecen haber suscitado, es importante recordar que en Occidente los símbolos siguen importando —y mucho— de suerte que lo que está en juego, a través del espacio visual o sensible, es hacer presente unas creencias en el horizonte mental, en el imaginario de los pueblos. En este sentido, es probable que nos encontremos en una encrucijada en la que Occidente haya abolido políticamente algunos elementos de sus orígenes —y, en consecuencia, de sus símbolos— de forma que el imaginario «neutral» (entendido como «vacío») vendrá a ser poblado de símbolos nuevos, autóctonos algunos, foráneos otros.

Desde la perspectiva jurídica, los símbolos religiosos personales se han ido desprendiendo de su «dependencia» religioso-institucional para responder ante el derecho sólo respecto del sujeto que los porta. Podría valorarse esto como un avance importante en orden a la protección de la libre manifestación personal de las creencias, y probablemente así sea. Sin embargo, en algunos momentos de la investigación se ha dejado constancia simultáneamente de que las normas estatales han podido terminar protegiendo mejor a creyentes de religiones minoritarias, que a los que siguen religiones tradicionales o mayoritarias, en lo que al uso de símbolos religiosos personales se refiere. La otrora férrea laicidad turca parece que en tiempos más recientes ha cedido en aquellos aspectos en los que la simbología religiosa personal encuentra un justificado acomodo en razón del libre ejercicio de la religión. Y curiosamente, esa misma laicidad que define a la República francesa, parece buscar también su asiento en la sociedad civil, en las empresas, desplazando el libre uso de símbolos religiosos personales.

A lo máximo que podía aspirarse en un trabajo como éste es a obtener una especie de «instantánea» de la compleja situación que plantean los símbolos religiosos en nuestras sociedades. El derecho está llamado a conseguir no tanto que la complejidad desaparezca, cuanto que se lleguen a soluciones pacíficas y equilibradas. Parte del camino para conseguirlo requiere manejar equilibradamente los grandes principios, por un lado, y atender minuciosamente a la realidad y sus contextos, por otro. De ahí que esta área de la simbología religiosa ofrezca un campo de observación muy interesante para comprobar si el derecho consigue esas pretensiones de equilibrio y realismo.

# 8. REFERENCIAS


Aceprensa Redacción (2013) 'La moneda eslovaca que no podía tener cruz', Aceprensa, en http://www.aceprensa.com/articles/la-moneda-eslovaca-que-no-podia-tener-cruz/ (fecha de consulta 13 julio 2013).

Aláez Corral, B. (2003) 'Símbolos religiosos y derechos fundamentales en la relación escolar', Revista española de Derecho Constitucional, 67, pp. 89–125.

Aláez Corral, B. (2013) 'Some constitutional thoughts about the Islamic full veil ban in Europe', Vienna Journal of International Constitutional Law, 7(3), en https://www.academia.edu/2538835/Some_constitutional_thoughts_about_the_Islamic_full_veil_ban_in_Europe_Vienna_Journal_of_International_Constitutional_Law_Vol._7_Nr._3_2013 (fecha de consulta 31 agosto 2015).

Aláez Corral, B. y Ruiz Ruiz, J. J. (2014) Democracia constitucional y prohibición del velo islámico en los espacios públicos, Madrid, Fundación Coloquio Jurídico Europeo.

Alenda Salinas, M. y Pineda Marcos, M. (2016) El símbolo religioso en el Estado laico español, Valencia, Tirant lo Blanch.

Al Hajal, K. (2015) 'Woman sues Dearborn police, claims she was forced to remove religious headscarf', MLive, en http://www.mlive.com/news/detroit/index.ssf/2015/06/woman_sues_dearborn_police_cla.html (fecha de consulta 6 abril 2016).

Aliadi, K. (2012) 'From Front-Office to Back-Office: Religious Dress Crossing the Public-Private Divide in the Workplace', en Ferrari, S. and Pastorelli, S. (eds.), Religion in public spaces. A European perspective, Farnham, Surrey, England ; Burlington, VT, Ashgate, pp. 159–189.

Allievi, S. (2009) Conflicts over Mosques in Europe. Policy issues and trends, London, Alliance Publishing Trust, en http://www.uclouvain.be/cps/ucl/doc/espo/documents/Religion_mosques.pdf.

Amérigo, F. y Pelayo, D. (2013) El uso de símbolos religiosos en el espacio público en el Estado laico español, Fundación Alternativas, en http://

www.falternativas.org/laboratorio/documentos/documentos-de-trabajo/el-uso-de-simbolos-religiosos-en-el-espacio-publico-en-el-estado-laico-espanol (fecha de consulta 6 agosto 2014).

Andreescu, G. y Andreescu, L. (2011) 'Taking Back Lautsi: Towards a Theory of Neutralisation?', Religion and Human Rights, 6(3), pp. 207–212.

Annicchino, P. (2011) 'Winning the Battle by Losing the War: The Lautsi Case and the Holy Alliance between American Conservative Evangelicals, the Russian Orthodox Church and the Vatican to Reshape European Identity', Religion and Human Rights, 6(3), pp. 213–219.

Anonimous (2014) 'Turkish court: Headscarved lawyer's rights violated', Daily Sabah, en http://www.dailysabah.com/nation/2014/06/26/turkish-court-headscarved-lawyers-rights-violated (fecha de consulta 9 abril 2016).

Areces Piñol, M. T. (2011) '¿El velo integral, burka y niqab, queda amparado por el legítimo ejercicio de la libertad religiosa?', Revista General de Derecho Canónico y Derecho Eclesiástico del Estado, (26).

Areces Piñol, M. T. (2014) La prohibición del burka en Europa y en España, 1. ed. Estudios, Cizur Menor, Aranzadi.

Areces Piñol, M. T. (2015) 'El Tribunal Europeo de Derechos Humanos valida la Ley francesa que prohíbe el burka en los espacios públicos', Revista General de Derecho Canónico y Derecho Eclesiástico del Estado, (37).

Arenas Ramiro, M. (2014) 'Corramos un tupido velo. A propósito de la sentencia del Tribunal Supremo de 14 de febrero de 2013, sobre el uso del burka', Anuario de Derecho Eclesiástico del Estado, (30), pp. 101–146.

Arlettaz, F. (2013) 'Símbolos religiosos en la órbita del poder público: dos aproximaciones', Revista de Estudios Políticos, (161), pp. 143–170.

Associated Press (2014) 'FIBA: Players can wear religious head coverings', Crux, en http://www.cruxnow.com/faith/2014/09/17/fiba-players-can-wear-religious-head-coverings/?s_campaign=crux:rss%20 http://religionclause.blogspot.com.es/2014/09/state-university-reaches-compromise.html (fecha de consulta 12 abril 2016).

Barrero Ortega, A. (2012) 'El caso Lautsi: la cara y la cruz', Revista Española de Derecho Constitucional, 32(94), pp. 379–409.

Becker, U. (2000) The Continuum Encyclopedia of Symbols, A&C Black.

de Been, W. (2011) 'Lautsi: A Case of Metaphysical Madness?', Religion and Human Rights, 6(3), pp. 231–235.

Bettetini, A. (2011) 'Il Crocifisso nelle aule scolastiche: la legitimità di un simbolo che «dà a pensare»', en Aequitas sive Deus. Studi in Onore di Rinaldo Bertolino, Torino, Giappichelli, pp. 539–550.

Beyer, P. (2006) Religions in global society, 1st ed. New York, NY, Routledge.

Bonet Navarro, J. (2014) 'La presencia de elementos religiosos en los símbolos políticos de las Comunidades Autónomas españolas', Anuario de Derecho Eclesiástico del Estado, (30), pp. 147–174.

Borowski, M. (2012) '¿Qué significa un crucifijo? Símbolos religiosos y Neutralidad estatal', en Elósegui Itxaso, M. (ed.), La neutralidad del Estado y el papel de la religión en la esfera pública en Alemania, Zaragoza, Fundación Manuel Giménez Abad, pp. 23–47.

Briones Martínez, I. M. (2009) 'El uso del velo islámico en Europa. Un conflicto de libertad religiosa y de conciencia', Anuario de Derechos Humanos. Nueva Época, 10, pp. 17–82.

Canadian Press (2013) 'Quebec soccer body welcomes FIFA pro-turban clarification', CBC Sports, en http://www.cbc.ca/sports/soccer/quebec-soccer-body-welcomes-fifa-pro-turban-clarification-1.1397184 (fecha de consulta 12 abril 2016).

Cañamares Arribas, S. (2005) Libertad religiosa, simbología y laicidad del Estado, Colección Monografías Aranzadi, Cizur Menor (Navarra), Thomson Aranzadi.

Cañamares Arribas, S. (2006) 'El empleo de simbología religiosa en España', Boletín Mexicano de Derecho Comparado, (116), pp. 317–350Cañamares Arribas, S. (2011) 'Los símbolos religiosos en el espacio público: entre la amenaza real y la mera sospecha', El Cronista del Estado Social y Democrático de Derecho, (20), pp. 60–67.

Cañamares Arribas, S. (2013) 'Religión civil y deísmo ceremonial en los Estados Unidos de América', Anuario de Derecho Eclesiástico del Estado, XXIX, pp. 199–230.

Cardia, C. (2007) Le sfide della laicità: etica, multiculturalismo, islam, Cinisello Balsamo (MI), San Paolo.

Cardia, C. (2012) 'Il simbolo religioso e culturale', Stato, Chiese e pluralismo confessionale, pp. 1–23.

Carrillo, M. (2011) 'Estado aconfesional e Iglesia católica', El País, en http://elpais.com/diario/2011/08/23/opinion/1314050405_850215.html (fecha de consulta 1 abril 2016).

Casanova, J. y Berger, P. L. (2004) 'Las religiones en la era de la globalización', Iglesia Viva, 218, pp. 69–92.

Castro Jover, A. (2005) La utilización de signos de identidad religiosa en las relaciones de trabajo en el derecho de Estados Unidos, Madrid, Universidad Complutense, Facultad de Derecho, Servicio de Publicaciones.

Castro Jover, A. (2013) Vía pública y libertad religiosa, Guías para la gestión pública de la diversidad religiosa, Madrid, Observatorio del Pluralismo Religioso en España.

Cavana, P. (2012) 'I simboli religiosi nello spazio pubblico nella recente esperienza europea', Stato, Chiese e pluralismo confessionale, Ottobre 2012, pp. 1–47.

CBCNews (2012) 'Hijabs approved for soccer players by FIFA', CBC News, en http://www.cbc.ca/news/canada/montreal/hijabs-approved-for-soccer-players-by-fifa-1.1156215 (fecha de consulta 12 abril 2016).

Celador Angón, O. (2011) Libertad de conciencia y Europa: un estudio sobre las tradiciones constitucionales comunes y el Convenio Europeo de Derechos Humanos, Colección Conciencia y derecho, Madrid, Dykinson.

Chaplin, J. (2012) 'Law, Religion and Public Reasoning', Oxford Journal of Law and Religion, 1(2), pp. 319–337.

Chelini-Pont, B. y Ferchiche, N. (2010) 'L' interdiction du voile intégral en France, enjeux sociaux et constitutionnels', Revista General de Derecho Canónico y Derecho Eclesiástico del Estado, (24).

Christians, L.-L. (2005) 'La legge civile come simbolo religioso', en Dieni, E., Ferrari, A. y Pacillo, V. (eds.), Symbolon/ diabolon: simboli, religioni, diritti nell'Europa multiculturale, Religione e società, Bologna, Il Mulino, pp. 51–64.

Ciravegna, M. (2012) 'La nozione di «segno esteriore forte" tra problemi de definizione e presunzione di lesività: la sentenza «Dahlab c. Svizzera"', en Mazzola, R. (ed.), Diritto e religione in Europa: rapporto sulla giurisprudenza della Corte europea dei diritti dell'uomo in materia di libertà religiosa, Bologna, Il Mulino, pp. 141–145.

Cortese, F. (2011) 'The Lautsi Case: A Comment from Italy', Religion and Human Rights, 6(3), pp. 221–230.

Cranmer, F. y García Oliva, J. (2012) 'Religious Symbols: Not Just Baubles and Bangles', en Spencer, N. (ed.), Religion and Law, London, Theos, pp. 16–25, en http://www.theosthinktank.co.uk/files/files/Religion%20and%20law%20combined%20FINAL.pdf (fecha de consulta 29 diciembre 2012).

D'Angelo, G. (2008) 'Neutralità delle istituzioni e neutralizzazione dello spazio pubblico nel caso dei simboli religiosi. Frammenti ricostruttivi nella prospettiva del diritto ecclesiastico comparato', Il Diritto ecclesiastico, 119(3), pp. 489–523.

Dieni, E. (2005) 'Symbolon vs. Diabolon: Simboli e tensione «simbolica" nel testo del Codice Canonico latino', en Dieni, E., Ferrari, A., y Pacillo, V. (eds.), Symbolon/ diabolon: simboli, religioni, diritti nell'Europa multiculturale, Religione e società, Bologna, Il Mulino, pp. 91–115.

Domingo, R. (2014a) 'A right to religious and moral freedom?', International Journal of Constitutional Law, 12(1), pp. 226–247.

Domingo, R. (2014b) 'The Metalegal God', Ecclesiastical Law Journal, 16(02), pp. 147–167.

Donovan, T. (2013) 'Turkey ends ban on headscarves for women in civil service', The Jurist, en http://www.jurist.org/paperchase/2013/10/turkey-ends-ban-on-headscarves-for-women-in-civil-service.php (fecha de consulta 6 abril 2016).

Durham, W. C. y Smith, R. T. (n.d.) '§ 12:65. Teachers' religious expressions in public schools—Religious dress', Religious Organizations and the Law.

Evans, C. (2010) 'Religion and freedom of expression', Fides et libertas, pp. 47–61.

Evans, M. D. (2009) Manual on the wearing of Religious Symbols in Public Areas, Strasbourg, Council of Europe Pub..

Ferenchik, M. y Pyle, E. (2015) 'Columbus police won't allow head scarves for officers', The Columbus Dispatch, en http://www.dispatch.com/content/stories/local/2015/06/23/police-ban-on-head-scarves.html (fecha de consulta 8 abril 2016).

Ferrari, S. (2011) 'Civil religions, models and perspectives', en Aequitas sive Deus. Studi in Onore di Rinaldo Bertolino, Torino, Giappichelli, pp. 796–806.
Ferrari, S. (2012) 'Religion in the European Spaces: A Legal Overview', en Ferrari, S. y Pastorelli, S. (eds.), Religion in Public Spaces. A European Perspective, Farnham, Surrey, England; Burlington, VT, Ashgate, pp. 139–156.
Ferrer Ortiz, J. (2014) 'La presencia de símbolos de origen religioso en el espacio público y la libertad de no declarar la propia religión. Comentario a la STC 6111-PA/TC', en Díaz Muñoz, Ó., Eto Cruz, G., y Ferrer Ortiz, J. (eds.), El derecho fundamental de libertad religiosa: jurisprudencia y doctrina constitucional, San Isidro, Perú, Tribunal Constitucional del Perú, Centro de Estudios Constitucionales, pp. 83–175.
Fiorita, N. (2014) 'Libertà religiosa e sport: un incrocio a tutto campo', OLIR: Osservatorio delle libertà ed istituzioni religiose, en http://www.olir.it/newsletter/archivio/2014_06_30.html (fecha de consulta 23 julio 2014).
Fonrobert, C. E. (2015) 'Installations of Jewish Law in Public Urban Space: An American Eruv Controversy', Chicago-Kent Law Review, 90, p. 63.
Friedman, H. (2008) 'Turkish Parliamentary Vote Approves End To University Headscarf Ban', Religion Clause, en http://religionclause.blogspot.com.es/2008/02/turkish-parliamentary-vote-approves-end.html (fecha de consulta 6 abril 2016).
Friedman, H. (2009) 'Spanish Judge Works Out Compromise With Witness Wearing Burka', Religion Clause, en http://religionclause.blogspot.com.es/2009/09/spanish-judge-works-out-compromise-with.html (fecha de consulta 9 abril 2016).
Friedman, H. (2014) 'Air Force Grants Its First Religious Accommodation For Jewish Chaplain To Wear Beard', Religion Clause, en http://religionclause.blogspot.com.es/2014/09/air-force-grants-its-first-religious.html (fecha de consulta 8 abril 2016).
Friedman, H. (2015a) 'In India, Sikh Group Plans Suit Against Educational Board Over Dress Code For Test', Religion Clause, en http://religionclause.blogspot.com.es/2015/07/in-india-sikh-group-plans-suit-against.html (fecha de consulta 6 abril 2016).
Friedman, H. (2015b) 'Taxi Commission Rule Requiring Black Pants Violates Muslim Driver's Religious Freedom', Religion Clause, en http://religionclause.blogspot.com.es/2015/06/taxi-commission-rule-requiring-black.html (fecha de consulta 12 abril 2016).
Friedman, H. (2016a) 'Army Grants Sikh Soldier Accommodation After His Preliminary Court Victory', Religion Clause, en http://religionclause.blogspot.com.es/search?q=Simratpal (fecha de consulta 12 abril 2016).
Friedman, H. (2016b) 'Suit Against Dearborn Police On Forced Hijab Removal Is Withdrawn', Religion Clause, en http://religionclause.blogs-

pot.com.es/2016/03/suit-against-dearborn-police-on-forced.html (fecha de consulta 6 abril 2016).

Gamper Sachse, D. (2010) 'La religión en la escuela: cultura, enseñanza y símbolos religiosos', DOXA, Cuadernos de Filosofía del Derecho, 33, pp. 639–656.

García Oliva, J. (2012) 'Religious Dress Codes in the United Kingdom', en Ferrari, S. y Pastorelli, S. (eds.), Religion in public spaces. A European perspective, Cultural diversity and law in association with RELIGARE, Farnham, Surrey, England ; Burlington, VT, Ashgate, pp. 217–234.

García Roca, F. J. (2007) 'La muy discrecional doctrina del margen de apreciación nacional según el Tribunal Europeo de Derechos Humanos: soberanía e integración', Teoría y realidad constitucional, 20.

Gedicks, F. M. y Annicchino, P. (2013) Cross, Crucifix, Culture: An Approach to the Constitutional Meaning of Religious Symbols, SSRN Scholarly Paper, Rochester, NY, Social Science Research Network, en http://papers.ssrn.com/abstract=2361260 (fecha de consulta 8 diciembre 2013).

Gibb, F. (2011) 'Rabinder Singh becomes first Sikh High Court judge', The Times, en http://www.thetimes.co.uk/tto/law/article3109632.ece (fecha de consulta 9 abril 2016).

Glendon, M. A. (2012) 'Religious freedom: A Second Class Right?', Emory Law Journal, 61, pp. 971–990.

Gómez Sánchez, Y. (2012) 'El pañuelo islámico: la respuesta europea', Anuario de Derecho Eclesiástico del Estado, (28), pp. 143–169.

González-Varas Ibáñez, A. (2013) 'Régimen jurídico de los lugares de culto de titularidad pública', en Otaduy, J. (ed.), Régimen legal de los lugares de culto. Nueva frontera de la libertad religiosa, Pamplona, Eunsa, pp. 361–428.

Greer, S. (2000) Margin of Appreciation: Interpretation and Discretion under the European Convention of Human Rights, Strasbourg, Council of Europe Publishing.

Habermas, J. (2006) 'Religion in the Public Sphere', European Journal of Philosophy, 14(1), pp. 1–25.

Hamilton, M. (2005) God vs. the Gavel: Religion and the Rule of Law, Cambridge; New York, Cambridge University Press.

Haupt, C. E. (2014) 'Active Symbols', Boston College Law Review, 55(3), en http://bclawreview.org/files/2014/05/03_haupt.pdf (fecha de consulta 11 octubre 2013).

Heyer, R. y Saint-Arnaud, G.-R. (2005) 'Pluralismo, simbolo e sintomo', en Dieni, E., Ferrari, A., y Pacillo, V. (eds.), Symbolon/diabolon: simboli, religioni, diritti nell'Europa multiculturale, Religione e società, Bologna, Il Mulino, pp. 37–50.

Hill, D. J. y Whistler, D. (2013) The Right to Wear Religious Symbols, Palgrave Macmillan.

Hill, M. Q. (2013) 'Religious Symbolism and Conscientious Objection in the Workplace: An Evaluation of Strasbourg's Judgment in Eweida and others v United Kingdom', Ecclesiastical Law Journal, 15(02), pp. 191–203.

Hogan, J. (2015) 'Muslim woman cites discrimination over headscarf removal', WZZM13, en http://legacy.wzzm13.com/story/news/2015/06/15/headscarf-removal/71271466/ (fecha de consulta 6 abril 2016).

Iglesia católica (1992) Catecismo de la Iglesia Católica, Madrid, Asociación de Editores del Catecismo.

Karić, E. (2002) 'Is «Euro-Islam" a Myth, Challenge or a Real Opportunity for Muslims and Europe?', Journal of Muslim Minority Affairs, 22(2), pp. 435–442.

Koppelman, A. (2011) 'And I Don't Care What It Is: Religious Neutrality in American Law', Pepperdine Law Review, 39, p. 1115.

Kurth, J. (2009) 'Religion and Globalization', The Review of Faith and International Affairs, 7(2), pp. 15–21.

La Camera, F. (2012) 'Il diritto ad esporre simboli religiosi nello spazio pubblico', en Domianello, S. (ed.), Diritto e religione in Italia: rapporto nazionale sulla salvaguardia della libertà religiosa in regime di pluralismo confessionale e culturale, Bologna, Societa Editrice Il Mulino.

Ladeur, K.-H. (2009) 'The Myth of the Neutral State and the Individualization of Religion: The Relationship Between State and Religion in the Face of Fundamentalism', Cardozo Law Review, 30(9), p. 2445.

Lægaard, S. (2015) 'Burqa Ban, Freedom of Religion and «Living Together"', Human Rights Review, 16(3), pp. 203–219.

La Torre, M. y Llamazares, D. (2012) 'Debate sobre Lautsi', El Cronista del Estado Social y Democrático de Derecho, (27), pp. 34–43.

Laycock, D. (1989) 'Formal, Substantive, and Disaggregated Neutrality toward Religion', DePaul Law Review, 39, p. 993.

Ledewitz, B. (2011) Church, State, and the Crisis in American Secularism, Bloomington, Ind, Indiana University Press.

Lemus Diego, M. T. (2014) 'Los símbolos religiosos en la Ley de memoria histórica', Revista General de Derecho Canónico y Derecho Eclesiástico del Estado, (35), pp. 1–29.

Lester, P. (2015) 'Lehigh County's 70-year-old seal at center of religious dispute', The Morning Call, en http://www.mcall.com/news/local/mc-lehigh-county-seal-challenge-20150317-story.html (fecha de consulta 6 abril 2016).

Liu, H.-Y. (2011) 'The Meaning of Religious Symbols after the Grand Chamber Judgment in Lautsi v. Italy', Religion and Human Rights, 6(3), pp. 253–257.

Llamazares Calzadilla, M. C. (1998) 'La presencia de símbolos religiosos en las aulas de centros públicos docentes', en Martínez-Torrón, J. (ed.), La libertad religiosa y de conciencia ante la justicia constitucional. Actas del VIII Congreso de Derecho Eclesiástico del Estado. Granada, 13-16 de mayo de 1997, Granada, Comares, pp. 559–572.

López-Sidro López, Á. (2013) 'Restricciones al velo integral en Europa y en España: la pugna legislativa para prohibir un símbolo', Revista Ge-

neral de Derecho Canónico y Derecho Eclesiástico del Estado, (32).
Maclure, J. (2013) Political Secularism: A Sketch, Online Working Paper Series, Working Paper, Helsinki, Finland, RECODE – Responding to Complex Diversity in Europe and Canada, en http://www.recode.info/wp-content/uploads/2013/09/Maclure-RECODE-August-2013.pdf (fecha de consulta 4 noviembre 2013).
Maclure, J. y Taylor, C. (2011) Laicidad y libertad de conciencia, Madrid, Alianza Editorial.
Madera, A. y Marchei, N. (2012) 'Simboli religiosi «sul corpo" e ordine pubblico nel sistema giuridico turco: la sentenza «Ahmet Arslan e altri c. Turchia" e i confini del principio di laicità', en Mazzola, R. (ed.), Diritto e religione in Europa: rapporto sulla giurisprudenza della Corte europea dei diritti dell'uomo in materia di libertà religiosa, Bologna, Il Mulino, pp. 117–140.
Mancini, S. y Rosenfeld, M. (2010) 'Unveiling the Limits of Tolerance: Comparing the Treatment of Majority and Minority Religious Symbols in the Public Sphere', Benjamin N. Cardozo School of Law - Jacob Burns Institute for Advanced Legal Studies - Working Paper No. 309, en http://ssrn.com/paper=1684382 (fecha de consulta 29 julio 2014).
Marchei, N. (2005) 'Il simbolo religioso e il suo regime giuridico nell'ordinamento italiano', en Dieni, E., Ferrari, A., y Pacillo, V. (eds.), Symbolon/ diabolon: simboli, religioni, diritti nell'Europa multiculturale, Religione e società, Bologna, Il Mulino, pp. 261–301.
Martines, T. y Silvestri, G. (2010) Diritto costituzionale, Milano, Giuffrè Editore.
Martínez García, C. (2015) 'Partido Encuentro Social: hermano vota por hermano', La Jornada, en http://www.jornada.unam.mx/2015/05/27/opinion/017a1pol (fecha de consulta 6 abril 2016).
Martínez-Torrón, J. (1994) 'La protección internacional de la libertad religiosa', en Tratado de Derecho Eclesiástico, Pamplona, Eunsa.
Martínez-Torrón, J. (2014) 'Símbolos religiosos institucionales, neutralidad del Estado y protección de las minorías en Europa', Ius Canonicum, 54, pp. 107–144.
Martín-Retortillo Baquer, L. (2006) 'Respeto a los sentimientos religiosos y libertad de expresión', Anales de la Real Academia de Jurisprudencia y Legislación, 36, pp. 595–612.
Martín-Retortillo Baquer, L. (2012) 'Símbolos religiosos en actos y espacios institucionales', Anuario de Derecho Eclesiástico del Estado, (28), pp. 49–75.
Martín Sánchez, I. (2014) 'Uso de símbolos religiosos y margen de apreciación nacional en la jurisprudencia del Tribunal Europeo de Derechos Humanos', Revista General de Derecho Canónico y Derecho Eclesiástico del Estado, (35).
Mazzola, R. (2005) 'Simboli, religioni e sicurezza', en Dieni, E., Ferrari, A., y Pacillo, V. (eds.), Symbolon/ diabolon: simboli, religioni, diritti nell'Europa multiculturale, Religione e società, Bologna, Il Mulino, pp. 143–165.

McConnell, M. W. (1992) 'Religious Freedom at a Crossroads', University of Chicago Law Review, 59.
McCrudden, C. (2011) 'Religion, Human Rights, Equality and the Public Sphere', Ecclesiastical Law Journal, 13(01), pp. 26–38.
McIvor, M. (2015) 'Carnal Exhibitions: Material Religion and the European Court of Human Rights', Ecclesiastical Law Journal, 17(01), pp. 3–14.
Meléndez-Valdés Navas, M. (2010) 'Reflexiones jurídicas entorno a los símbolos religiosos', Revista General de Derecho Canónico y Derecho Eclesiástico del Estado, (24).
Meseguer Velasco, S. (2005) 'Religion and Public Transport: Between Religious Pluralism and State Neutrality', Jus, 1(2005), pp. 105–128.
Meseguer Velasco, S. (2012) 'Simbología religiosa y espacio público', Cuenta y razón, (24), pp. 51–60.
Minteguía Arregui, I. (2013) 'Diversidad cultural y deporte profesional', en Castro Jover, A. (ed.), Interculturalidad y derecho, Cizur Menor (Navarra), Thomson Reuters-Aranzadi, pp. 175–195.
Motilla, A. (2009) 'La cuestión del pañuelo y de las vestimentas religiosas en Gran Bretaña', en Motilla, A. (ed.), El pañuelo islámico en Europa, Madrid, Marcial Pons, pp. 141–170.
Movsesian, M. L. (2012) 'Crosses and Culture: State-Sponsored Religious Displays in the US and Europe', Oxford Journal of Law and Religion, 1(2), pp. 338–362.
Navarro Floria, J. G., Padilla, N. y Lo Prete, O. (2014) Derecho y Religión. Derecho Eclesiástico Argentino, Buenos Aires, Editorial de la Universidad Católica Argentina.
Navarro-Valls, R. y Martínez-Torrón, J. (2011) Conflictos entre conciencia y ley: las objeciones de conciencia, Madrid, Iustel.
Neuhaus, R. J. (1984) The Naked Public Square: Religion and Democracy in America, Grand Rapids, Mich., W.B. Eerdmans Pub. Co.
Ollero Tassara, A. (2011) 'Racionalidad, derecho y símbolos religiosos', Persona y Derecho, (64), pp. 43–57.
O'Mahony, J. (2012) 'London 2012 Olympics: Saudi Arabian judo athlete will compete in hijab', The Telegraph, en http://www.telegraph.co.uk/sport/olympics/news/9441707/London-2012-Olympics-Saudi-Arabian-judo-athlete-will-compete-in-hijab.html (fecha de consulta 12 abril 2016).
Ooijen, H. M. A. E. van (2012) Religious symbols in public functions: unveiling state neutrality: a comparative analysis of Dutch, English and French justifications for limiting the freedom of public officials to display religious symbols, Cambridge; Antwerp; Portland, Intersentia.
Oren, P. (2005) 'Veiled Muslim Women and Driver's License Photos: A Constitutional Analysis', Journal of Law and Policy, 13, p. 855.
Pacillo, V. (2004) 'Diritto, potere e simbolo religioso nella tradizione giuridica occidentale: brevi note a margine', Osservatorio delle libertà ed istituzioni religiose (OLIR), en https://www.academia.edu/3051321/Diritto_potere_e_simbolo_religioso_nella_tradizione_giuridica_oc-

cidentale_brevi_note_a_margine (fecha de consulta 2 septiembre 2015).

Palomino Lozano, R. (2013) 'The Concept of Religion in the Law', en The Library of Essays on Law and Religion, Farnham, Ashgate, pp. 233–247.

Panara, C. (2011) 'Another Defeat for the Principle of Secularism: Recent Developments on the Display of the Crucifix in Italian Courtrooms', Religion and Human Rights, 6(3), pp. 259–265.

Pardo Prieto, P. C. (2012) 'Laicidad y símbolos en pronunciamientos judiciales', Revista jurídica de Castilla y León, (27).

Patruno, F. (2012) 'La laicità relativa e l'esposizione del crocifisso nelle aule scolastiche: a proposito della sentenza della Grande Chambre sull'affaire Lautsi', Giurisprudenza di Merito, XLIV(06-2012), pp. 1262–1273.

Pew Research Center (2016) Restrictions on Women's Religious Attire, en http://www.pewforum.org/files/2016/04/PF_2016.04.05_Religious-Attire_FINAL.pdf (fecha de consulta 12 abril 2015).

Pin, A. (2011) 'Public Schools, the Italian Crucifix, and the European Court of Human Rights: The Italian Separation of Church and State', Emory International Law Review, 25, p. 95.

Piret, J.-M. (2011) 'A Wise Return to Judicial Restraint', Religion and Human Rights, 6(3), pp. 273–278.

Polo Sabau, J. R. (2012) 'Símbolos religiosos, escuela pública y neutralidad ideológica estatal: el caso del crucifijo', Revista de Derecho Político, (85), pp. 273–292.

Prieto Álvarez, T. (2010) Libertad religiosa y espacios públicos: laicidad, pluralismo, símbolos, Madrid, Civitas.

Prieto Álvarez, T. (2013) 'La presencia del crucifijo en las escuelas públicas es compatible con la Constitución (una réplica)', Revista Jurídica de Castilla y León, 31, pp. 1–39.

Puppinck, G. (2012) 'The case of Lautsi v. Italy: A Synthesis', Brigham Young University Law Review, 2012(3).

Rawls, J. (1997) 'The Idea of Public Reason Revisited', The University of Chicago Law Review, 64(3), pp. 765–807.

Religare (2013) 'Policy Brief. The Place of Religion and Belief in Public Spaces across the EU: Policy Dilemmas and Recommendations on Religious Symbols and Dress Codes', Policy Brief, en http://www.religareproject.eu/system/files/RELIGARE_WP5_POLICY%20BRIEF_March2013-1.pdf (fecha de consulta 1 abril 2016).

Rey Martínez, F. (2012) '¿Es constitucional la presencia del crucifijo en las escuelas públicas?', Revista jurídica de Castilla y León, (27).

Rico-Rico Ruiz, C. (2011) 'Símbolos religiosos e inmigración desde la perspectiva del derecho a la igualdad', en Revenga Sánchez, M., Rico-Rico, G. y Ruiz Ruiz, J. J. (eds.), Los símbolos religiosos en el espacio público, Cuadernos y debates, Madrid, Centro de Estudios Políticos y Constitucionales.

Robbers, G. (2006) 'The islamic headscarf in Germany', Derecho y religión, (1), pp. 285–301.

Robbers, G. (2010) Religion and Law in Germany, Kluwer Law International.
Roca Fernández, M. J. (1992) La declaración de la propia religión o creencias en el derecho español, Santiago de Compostela, Universidade de Santiago de Compostela.
Rolla, G. (2010) Il sistema costituzionale italiano, Milano, Giuffrè Editore.
Rossell, J. (2009) 'La cuestión del velo islámico y la vestimenta religiosa en la República Federal de Alemania', en Motilla, A. (ed.), El pañuelo islámico en Europa, Madrid, Marcial Pons, pp. 171–204.
Roy, O. (2010) La santa ignorancia. El tiempo de la religión sin cultura, Barcelona, Península.
Rubio López, J. I. (2006) La primera de las libertades: la libertad religiosa en los Estados Unidos durante la Corte Rehnquist (1986-2005): una libertad en tensión, Pamplona, Eunsa.
Rubio López, J. I. (2010) 'Una cruz sin Cristo en el desierto de Mojave. A propósito de Salazar v. Buono (2010)', Revista General de Derecho Canónico y Derecho Eclesiástico del Estado, 24.
Sajó, A. (2009) 'Constitutionalism and Secularism: The Need for Public Reason', Cardozo Law Review, 30, p. 2401.
Salomone, R. C. (2010) 'Laïcité in France. Contemporary Issues Panel Discussion', Journal of Catholic Legal Studies, 49(1), pp. 53–99.
Selby, J. A. y Fernando, M. L. (2014) 'Short skirts and niqab bans: On sexuality and the secular body', The Immanent Frame. Secularism, Religion and the Public Sphere, en http://blogs.ssrc.org/tif/2014/09/04/short-skirts-and-niqab-bans-on-sexuality-and-the-secular-body/ (fecha de consulta 31 marzo 2016).
Sewell, A. (2016) 'Christian cross has no place on L.A. County seal, judge rules', Los Angeles Times, en http://www.latimes.com/local/lanow/la-me-ln-la-county-seal-cross-20160407-story.html (fecha de consulta 12 abril 2016).
Silvestri, S. (2012) 'Comparing Burqa Debates in Europe: Sartorial Styles, Religious Prescriptions and Political Ideologies', en Ferrari, S. y Pastorelli, S. (eds.), Religion in public spaces. A European perspective, Farnham, Surrey, England ; Burlington, VT, Ashgate, pp. 275–292.
Simón Yarza, F. (2012) 'Símbolos religiosos, derechos subjetivos y Derecho objetivo. Reflexiones en torno a Lautsi', Revista de Derecho Comunitario Europeo, 16(43), pp. 901–925.
Sotelo, I. (1995) 'Educación y Democracia', en Volver a pensar la educación: Congreso Internacional de Didáctica (La Coruña, 27 al 30 de Septiembre de 1993), La Coruña, Ediciones Morata.
Syring, T. (2014) 'Introductory Note to the European Court of Human Rights' Judgment on the Legality of a Ban on Wearing Full-Face Veils in Public (Case of S.A.S. v. France)', International Legal Materials, 53(6), p. 1025.
Taneja, P. (2010) 'Sikh judge Sir Mota Singh criticises banning of Kirpan', BBC News, en http://news.bbc.co.uk/2/hi/uk_news/8500712.stm (fecha de consulta 9 abril 2016).

Taylor, C. (1994) La ética de la autenticidad, Barcelona, Paidós.
Temperman, J. (2011) 'Lautsi II: A Lesson in Burying Fundamental Childrens Rights', Religion and Human Rights, 6(3), pp. 279–283.
Tillich, P. (1958) 'The Religious Symbol', 87(3), pp. 3–21.
Tourkochoriti, I. (2012) 'The Burka Ban: Divergent Approaches to Freedom of Religion in France and in the USA', William & Mary Bill of Rights Journal, 20(3), pp. 791–852.
Trofaier-Leskovar, V. (2011) 'The Crucifix in the Kindergarten', Vienna Journal on International Constitutional Law, 5, p. 246.
Tunehag, M. (2007) Religious Cartoons & Sermons on Homosexual Practice. Global Trends, Concerns and Recommendations Regarding Freedom of Speech & Religion, en http://www.worldevangelicals.org/news/article.htm?id=1556 (fecha de consulta 12 dciembre 2011).
Valero Estarellas, M. J. (2015) 'Neutralidad ideológico-religiosa del Estado y derecho de libertad religiosa en la escuela pública alemana: reflexiones a propósito de la sentencia del Tribunal Constitucional alemán de 27 de enero de 2015', Revista General de Derecho Canónico y Derecho Eclesiástico del Estado, (38).
Vázquez Gómez, R. (2012) El uso de símbolos como ejercicio del derecho de libertad religiosa en el ordenamiento jurídico italiano, Cizur Menor, Aranzadi.
Voegelin, E. (2014) Las religiones políticas, Madrid, Trotta.
Warren, S. D. y Brandeis, L. D. (1890) 'Right to Privacy', Harvard Law Review, 4, p. 193.
Watson, B. (2013) 'Overt and Conspicuous Religious Symbols', First Things, en http://www.firstthings.com/blogs/firstthoughts/2013/09/overt-and-conspicuous-religious-symbols (fecha de consulta 6 abril 2016).
Weiler, J. H. H. (2010) 'Oral Intervention by Professor Weiler on Behalf of Armenia, Bulgaria, Cyprus, Greece, Lithuania, Malta, Russia, and San Marino - States Who Intervene as Third Parties in the Lautsi Case Before the Grand Chamber of the European Court of Human Rights', International Journal of Constitutional Law, 8(2), pp. 157–166.
Witte, J. J. y Arold, N.-L. (2011) 'Lift High the Cross: Contrasting the New European and American Cases on Religious Symbols on Government Property', Emory International Law Review, 25, p. 5.
Yildirim, S. (2012) 'Global Tangles: Law, Headcoverings and Religious Identity', Santa Clara Journal of International Law, 10(1), pp. 45–72.
Zucca, L. (2010) 'Crucifix in the Classroom: The Best Solution to the Lautsi Case', SSRN eLibrary, en http://ssrn.com/paper=1667496 (fecha de consulta 7 enero 2013).
Zucca, L. (2012) A Secular Europe: Law and Religion in the European Constitutional Landscape, OUP Oxford.

ARGUMENTOS PARA EL

# SIGLO XXI

## TITULOS PUBLICADOS EN PAPEL

- **SENTIDO Y VIVENCIA DEL CELIBATO DE LOS LAICOS**
  EMILIO CHUVIECO SALINERO

- **LA EDUCACIÓN SEXUAL DE LOS HIJOS**
  PEDRO PÉREZ CÁRDENAS

- **LOS MORMONES. ¿DE VERDAD SABES QUIÉNES SON?**
  VICENTE JARA - JORGE NÚÑEZ

- **LA INQUISICIÓN ESPAÑOLA: MÁS ALLÁ DE LA «LEYENDA NEGRA»**
  JUAN IGNACIO PULIDO SERRANO

- **EL ÁRBOL MASÓNICO. TRANSTIENDA y ESPARATE DEL NUEVO ORDEN MUNDIAL**
  MANUEL GUERRA GÓMEZ

- **INTELIGENCIA ARTIFICIAL. ¿CONCIENCIA ARTIFICIAL? UNA PERSPECTIVA DESDE LAS CIENCIAS DE LA VIDA**
  NATALIA LÓPEZ MORATALLA

- **¡ENTUSIÁSMATE! DIEZ HITOS PARA ENCONTRAR LA ALEGRÍA**
  EMILIO CHUVIECO

- **EL ATEÍSMO CIENTÍFICO. LA EVOLUCIÓN DEL CIENTIFICISMO**
  CARLOS JAVIER ALONSO

- **ARTE Y FE. BELLEZA QUE TRANSFORMA**
  VÍCTOR MANUEL FERNÁNDEZ DE MOYA

- **LA ACCIÓN SOCIAL DE LA IGLESIA EN LA HISTORIA. PROMOVIENDO CARIDAD Y MISERICORDIA**

SANTIAGO CANTERA MONTENEGRO

- **EL ORIGEN DEL UNIVERSO**
  JUAN ANDRÉS SANLEÓN, EDUARDO RIAZA, RICARDO MORENO

- **CONVERSIÓN Y SANTIDAD DE UN INTELECTUAL: MANUEL GARCÍA MORENTE**
  MANUEL GUERRA

- **EL CAPITALISMO ¿BASTAN LAS LEYES DEL MERCADO PARA REGULAR LA ECONOMÍA?**
  JOSÉ LUIS FERNÁNDEZ FERNÁNDEZ

- **EL ENVEJECIMIENTO CEREBRAL. DIGNIDAD DE LA PERSONA ANCIANA**
  JOSÉ LUIS VELAYOS

- **INDIGENISMO Y EVANGELIZACIÓN. LA PRIMERA EXPANSIÓN DEL CRISTIANISMO EN AMÉRICA**
  MARÍA SAAVEDRA Y JAVIER AMATE

- **¡EUROPA, SÉ TÚ MISMA! LA IDENTIDAD CRISTIANA EN LA INTEGRACIÓN EUROPEA**
  ENRIQUE SAN MIGUEL

- **SEGUIR EDUCANDO CON EL CINE. MATERIALES PARA CINE-FÓRUM**
  MARÍA ÁNGELES ALMACELLAS

- **RELATIVISMO Y TOLERANCIA**
  DIEGO POOLE

- **LA RELIGIÓN ANTE LA LEY. TEMAS DE DERECHO ECLESIÁSTICO**
  JOSÉ MARÍA MARTÍ

- **EDUCACIÓN DIFERENCIADA.50 RESPUESTAS PARA UN DEBATE**
  ALFONSO AGUILÓ

- **CRISTIANOFOBIA. LA PERSECUCIÓN DE LOS CRISTIANOS EN EL SIGLO XXI**
  LUIS ANTEQUERA

- **LA RELIGIÓN EN EL ESPACIO PÚBLICO. LOS SÍMBOLOS RELIGIOSOS ANTE EL DERECHO**
  RAFAEL PALOMINO

- **¿POR QUÉ HAY TANTAS RELIGIONES? EL CRISTIANISMO**

Y LA VERDAD DE LAS OTRAS CREENCIAS
MANUEL GUERRA

- S.O.S EDUCACIÓN. RAÍCES Y SOLUCIONES A LA CRISIS EDUCATIVA
  CARLOS JARIOD

## TÍTULOS PUBLICADOS EN COEDICIÓN CON EDITORIAL PALABRA

- NIÑOS DIFERENTES. DIAGNÓSTICO PRENATAL Y EUGENESIA INFANTIL. ¿HAY ALTERNATIVAS?
  JOSÉ MANUEL MORENO BILLARES

- LA MUJER VISIBLE. FEMINISMO PARA EL SIGLO XXI
  FLORINDA SALINAS

- CUIDAR LA TIERRA. RAZONES PARA CONSERVAR LA NATURALEZA
  EMILIO CHUVIECO Y MARÍA ÁNGELES MARTÍN

- NUESTROS GENES. MITOS Y CERTEZAS SOBRE LA HERENCIA GENÉTICA EN EL HOMBRE
  NICOLÁS JOUVE

- LAS SINRAZONES DEL ABORTO
  ALFONSO LÓPEZ QUINTÁS

- LIBERTAD DE CONCIENCIA
  MARTA ALBERT

- LA IGLESIA Y EL NACIONALSOCIALISMO. CRISTIANOS ANTE UN MOVIMIENTO NEOPAGANO
  JOSÉ MARÍA GARCÍA PELEGRÍN

- ALTERIDAD SEXUAL. RAZONES FRENTE A LA IDEOLOGÍA DE GÉNERO
  MARÍA CALVO CHARRO

## TÍTULOS PUBLICADOS EN DIGITAL

### BIOÉTICA

Cuidar la Tierra. Razones para conservar la Naturaleza, Emilio Chuvieco y María Ángeles Martín

Células Madre, Nicolás Jouve
Niños Diferentes, José Manuel Moreno Villares
La educación sexual de los hijos, Pedro Pérez Cárdenas
Regulación Natural de la Natalidad, Mercedes Arzú de Wilson
Nuestros genes, Nicolás Jouve
El envejecimiento cerebral, José Luis Velayos
Mente y cerebro, Alejandro Serani
Persona, biología y sexualidad, José V. Orón y Francisco J. Güell

## CIENCIA

El origen del universo, Juan Andrés Sanleón, Eduardo Riaza, Ricardo Moreno
Evolucionismo, Carlos Alberto Marmelada
El ateísmo científico, Carlos Javier Alonso
Inteligencia artificial. ¿Conciencia arfificial?, Natalia López Moratalla

## CULTURA

Relativismo y Tolerancia, Diego Poole
Arte y fe: belleza que transforma, Víctor Manuel Fernández de Moya
Judaísmo y judíos en el siglo XXI, José Barta
S.O.S Educación, Carlos Jariod
Educacion diferenciada, Alfonso Aguiló
Seguir educando con el cine, María Ángeles Almacellas
¿Por qué hay tantas religiones?, Manuel Guerra Gómez
La Universidad, Juan A. Obarrio y Aniceto Masferrer
La senda del iluminado. Introducción al budismo, Daniel Joaquín Bárcala
Conversión y santidad de un intelectual: Manuel García Morente
¡Entusiásmate! Diez hitos para encontrar la alegría, Emilio Chuvieco
El árbol masónico. Trastienda y esparate del nuevo orden mundial, Manuel Guerra
Los mormones. ¿De verdad sabes quiénes son?, Vicente Jara y Jorge Núñez

## DERECHO

Libertad Religiosa, Irene Briones
Libertad de Conciencia, Marta Albert
Laicismo: Sociedad neutralizada, Andrés Ollero

En defensa de la vida. Alegato contra la pena de muerte, de Manuel Iglesias Cabero

La religión ante la ley. Temas de Derecho Eclesiástico, José Mª Martí Sánchez

La religión en el espacio público. Los símbolos religiosos ante el derecho, Rafael Palomino

## ECONOMÍA

Sentido cristiano del sindicalismo, Daniel Joaquín Barcala Gil

¿Superpoblacion? La conjura contra la vida humana, José Alfredo Elía

El capitalismo. ¿Bastan las leyes del mercado para regular la economía?, José Luis Fernández Fernández

## HISTORIA

El cristianismo en la historia, José Carlos Martín de la Hoz

La Iglesia y el nacionalsocialismo, José Manuel García Pelegrín

Indigenismo y evangelización, María Saavedra y Javier Amate Expósito

¡Europa, sé tú misma!, Enrique San Miguel

La acción social de la Iglesia en la Historia, Santiago Cantera

La inquisición española. Más allá de la «Leyenda negra», Juan Ignacio Pulido

## SOCIAL

Liderazgo con valores, Jorge Emilio Sierra Montoya

Alteridad Sexual. Razones frente a la ideología de género, María Calvo Charro

Las sinrazones del aborto, Alfonso López Quintás

Rebeldes con causa, Rodolfo González Gatica

La mujer visible, Florinda Salinas

Homo interactivo. Como Internet nos está cambiando, Fernando García Fernández

Dios y los periódicos, Antoni Coll

El sentido del dolor, Luis de Moya

Cristianofobia. La persecución de los cristianos en el siglo XXI, Luis Antequera

Sentido y vivencia del celibato de los laicos, Emilio Chuvieco Salinero

Made in the USA
Monee, IL
04 November 2026

67381740R10089